基于区块链技术的业财融合方案设计

王阳 等 著

知识产权出版社

全国百佳图书出版单位

—北 京—

图书在版编目（CIP）数据

基于区块链技术的业财融合方案设计/王阳等著.—北京：知识产权出版社，2024.12

ISBN 978-7-5130-8563-2

Ⅰ.①基… Ⅱ.①王… Ⅲ.①区块链技术—应用—企业管理—财务管理—研究

Ⅳ.①F275-39

中国国家版本馆CIP数据核字(2023)第002209号

责任编辑：赵　军　　　　　　　　　责任校对：王　岩

封面设计：纵横华文　　　　　　　　责任印制：刘译文

基于区块链技术的业财融合方案设计

王阳　等　著

出版发行：	知识产权出版社有限责任公司	网　　址：	http://www.ipph.cn
社　　址：	北京市海淀区气象路50号院	邮　　编：	100081
责编电话：	010-82000860转8127	责编邮箱：	zhaojun99668@126.com
发行电话：	010-82000860转8101/8102	发行传真：	010-82000893/82005070/82000270
印　　刷：	北京建宏印刷有限公司	经　　销：	新华书店、各大网上书店及相关专业书店
开　　本：	787 mm×1092 mm　1/16	印　　张：	13.5
版　　次：	2024年12月第1版	印　　次：	2024年12月第1次印刷
字　　数：	185千字	定　　价：	88.00元

ISBN 978-7-5130-8563-2

前　言

众所周知，会计已经实现了从"算盘＋纸张"的"手工会计"到"计算机＋磁盘"的"电算会计"，再到"计算机＋互联网"的"信息会计"的转变。然而，在信息会计下，现存的企业管理系统主要以财务信息为主导，内嵌的专业术语及规则使得业务人员望而却步，并在一定程度上产生了信息孤岛与权责孤岛。这无疑会引发一系列亟待解决的难题，导致企业无法形成具有核心竞争力的价值链管理方案。

为了切实解决上述问题，企业界做了许多积极探索和有益实践，其内容主要围绕业财融合展开。业财融合不仅要求业务与财务之间加强信息分享，而且需要实现业务与财务的数据同来源、执行同过程、逻辑同依据、架构同平台，还原两者之间相互融合、相辅相成的关系。而在业财融合的实现方面，区块链技术有着得天独厚的优势。随着区块链从"草根力量"加速走入大众视野，且相关技术不断完善之后，它所具有的防篡改、分布式存储、去中心化以及可追溯等特点恰好可以打破传统业财情境之下的信息孤岛与权责孤岛，推动各个部门之间进行无障碍沟通、无障碍获取和传递信息，最终实现业财深度融合。具体而言，区块链技术中的共识机制可以帮助企业实现"业务发生即做账"、"信息生成即校验"；区块链的链式结构有助于实现业财信息的全程可追溯性；区块链的加密技术、弱中心化和分布式存储可以提升业财信息的完整性、可靠性与不可篡改性；区块链技术的智能合约有助于推进智慧管理，打造自动化处理和智能化分析体系。

那么，在业财融合的背景下，如何让区块链技术更好地为企业各环节的价值链优化管理而服务，从而真正解决上述企业问题呢？本书就是从上述现象和问题出发，期望通过设计业财融合背景下的企业价值链管理优化方案，将区块链技术应用于企业日常管理活动中，从而为我国企业实现业财融合提出探索与支持。

本书的主要思路：以制造业企业为例，通过文献研究、对比分析等方法，从企业传统业务流程中存在的问题和业财融合管理需求出发，基于区块链技术分别设计企业销售、生产、采购和收支管理等环节的价值链管理优化方案。在此基础上，设计各环节价值增值量化方案、通证奖惩方案以更好地实现精细化业绩考评，并借助 Hyperledger Fabric 超级账本和 Go 语言初步实现了对价值链管理的优化方案。

本书主要内容包括 7 章，第 1 章主要对业财融合、区块链技术、企业价值链、客户与供应商评价以及通证的相关理论进行了概述。第 2~5 章展现了销售环节、生产环节、采购环节以及收支管理环节的共识机制设计方案，各章均包括了业财融合管理需求分析、共识参与方设计、业务流程设计、业务与共识参数设计以及共识方案设计等内容。第 6 章展现了基于共识机制的企业价值链通证管理体系设计方案。第 7 章选取超级账本 Hyperledger Fabric 平台作为实现工具，对四大环节的优化方案进行程序设计以实现优化目标。

本书的出版，从理论和实践的角度，展现了区块链技术在企业业财融合管理建设中的应用方案，提升了信息的可靠性、完整性及可追溯性，推进了区块链等理论的发展，为我国企业的业财融合建设提供了参考。此外，本书还进行了初步的通证化奖惩方案设计，为企业价值链管理及绩效考核提供了新的视角。希望本书的出版能够帮助减轻企业各个部门之间的障碍，助力于企业各个职能模块之间的信息安全高效分享，使企业在面对瞬息万变的市场时快速灵活地作出管理决策，最终实现企业的持续健康发展。

本书由王阳主持设计和撰写。中国矿业大学（北京）的多位研究生参与撰写工作，其中，韩志慧参与撰写第 1 章；王一奇、谢思迪和贾铠硕参与撰写第 2 章；马敏参与撰写第 3 章；门嗣淳、赵梦真和刘潇参与撰写第 4 章；赵梦真和韩志慧参与撰写第 5 章。厦门九九网智科技有限公司的梁华、阳嫔虹、陈巧珍、张红英等同事帮忙对共识条件进行了优化；此外，孙悦、李瀛、王姝文、彭青思参与整理了相关章节的资料。本书在历时两年的砥志研思中，几经易稿，并在知识产权出版社的倾心帮助下终于付梓。在此，我们要特别感谢 2020 年北京高等教育"本科教学改革创新项目"、2020 年中国矿业大学（北京）本科教育教学改革与研究项目（编号：J20ZD18）、2022 年教育部产学合作协同育人项目（编号：220906580295345）和 2023 年中国矿业大学（北京）本科教育教学改革与研究项目（编号：J23ZD08）的支持，感谢知识产权出版社赵军编辑的悉心审校，感谢支持和关注本书相关研究工作的所有部门和个人，正是有了您们的鼎力相助，本书才得以如期面世。

诚然，由于时间仓促，这部著作或许尚存浅、漏、谬、误之处，敬请各行各界人士批评指正，我们将不断修改完善。正所谓"路漫漫其修远兮，吾将上下而求索"，在各位读者的点评与赐教下，我们将继续满载热忱、精进不休！

作者

2024 年 12 月

目　录
CONTENTS

第 1 章 绪 论

1.1 基于区块链技术的业财融合管理概述

1.1.1 区块链的理性繁荣

经济全球化带来难得发展机遇的同时，制造业企业也面临着各种各样亟待解决的问题，例如，价值链节点上的生产、采购、销售之间相互脱节，企业各部门孤立地评价部门业绩；信息管理落后导致信息不准、不全且传递不及时；因产品的责权利分配不明导致出现问题从而无法及时且准确地进行产品溯源及责任认定。种种问题导致企业无法形成具有核心竞争力的价值链。

在业财融合背景下进行企业各环节价值链管理时，我们期望企业的各个职能部门之间可以实现无障碍沟通、无障碍获取和传递信息。例如，在生产环节，企业内部组织无边界、管理层级无上下、内部信任相对浓厚，可以保证企业生产全过程的信息尽可能透明公开，企业内部人员上到管理层，下到普通职员都可以成为相关业务信息的使用者和提供者[1]。而区块链作为一种新兴技术，其所具有的防篡改、分布式存储、去中心化以及可追溯[2]等技术特点恰恰可以帮助企业更好地实现业财融合。

从 2008 年中本聪发表了一篇题为 "*Bitcoin: A Peer-to-Peer Electronic Cash System*" 的论文开始，比特币的底层技术——区块链技术开始进入人们的视野，并逐渐得到了越来越多的关注。区块链的发展可以分为区块链 1.0、区块链 2.0、区块链 3.0 三个阶段，将其应用到利用区块链溯源特点的供应链领域，以及物联网、智慧医疗、智慧城市、5G、AI 等领域，即是区块链 3.0 阶段。

2016 年 12 月，国务院印发的《"十三五"国家信息化规划》中首次提及区块链技术，并强调要将其作为重点前沿技术之一。2019 年 10 月 24 日，中共中央政治局就区块链技术发展现状和趋势进行第十八次集体学习时强调：要把区块链作为自主创新核心技术的重要突破口，尤其区块链技术在供应链、物联网、金融等领域的融合发展。2021 年 3 月，十三届全国人大四次会议通过的《中华人民共和国国民经济和社会发展第十四个五年规划和 2035 年远景目标纲要》中区块链被明确写入。区块链已经越来越受到国家的关注和重视。

当前区块链技术已经成功应用到我国的众多领域当中，在数字货币、资产管理、供应链金融等方面的市场推广正逐步展开，很多企业不仅在不断尝试将区块链技术真正落地，而且在某些领域，已经取得了不错的阶段性成果。但其最好的应用是发行通证。通证具有电子化支付的便利性、流通性和区块链赋予的安全性，通证可以代表各种各样的价值，通证与区块链的结合将对传统经济中的激励等规则产生深远的影响，最终将导致市场中的生产、流通及消费等各项关系发生显著变化。

1.1.2 区块链技术应用于企业业财融合管理的意义

首先，在理论上，本研究是对现有研究的重要补充。随着将区块链、通证等这样的新兴技术运用到传统的实体经济中，研究区块链等技术在企业业财融合发展中的应用模式，探讨企业中各个业务的发生及账务的处理与区块链技术的融合与壁垒，可以为我国未来各个行业实现真正的业财融合、智慧会计等提供更为坚实且成体系的底层理论基础。

此外，业财融合、区块链技术在制造业企业的采购、销售、生产、财务收支等内部价值链节点上的应用本身也可以推进业财融合理论的发展，并且使得区块链技术与传统实体行业实现更好的融合。

其次，在现实中，将区块链技术应用到企业的业财融合发展中并进一步进行企业内部价值链管理，是目前行业发展的一种趋势和前沿，研究这样的应用模式和场景，可以解决目前行业存在的一些问题。本研究期望这种新兴的应用模式可以将企业各个部门之间的障碍部分或全部消除，依托区块链技术打通财务部门与其他部门之间的信息壁垒，使得企业各个职能模块之间的信息资源可以自由流通、相对透明，提升信息的可靠性、完整性及可追溯性，并且可以弱化财务与业务的隔阂，对未来提高企业经济效益和业务效率具有重要意义。同时，这样做的目的是使得企业在面对瞬息万变的市场时可以快速灵活地做出相应的反应，而由此带来的大规模、高效率的运作方式正是在业财融合这个大背景下所期望实现的。

1.2 相关理论概述

1.2.1 业财融合概述

1. 业财融合的产生与发展历程

国外关于业财融合的论述，最早可以追溯到"流程再造"这一问题上。Michael Hammer（1990）提出业务流程重组即流程再造理论，旨在利用信息技术手段来提升业务运行效率、实现企业发展目标[1]。Brian Ballou 等（2012）通过持续对 178 家企业进行发展调查发现，财务会计人员与企业业务活动存在脱节的问题[3]。

业财融合的提出，实际上更多地是来自国内学者的探究。刘雪松（2014）在研究中提到，公司在进行价值创造过程中，财务部门不仅要发挥好会计作用还要同业务部门交流、协作，业务和财务协同发展，共同对跨部门间的风险问题负责[4]。2016 年 6 月，财政部在《管理会计基本指引（征求意见稿）》中明确指出，企业在落实管理会计时要遵循业财融合的原则，发挥好融合性，旨在加强企业的内部控制[5]。郭永清（2017）提出，业财融合是借助一系列信息化手段做到及时共享业务流、资金流以及信息流等相关数据信息，让作出的规划、决策、控制、评价等活动更加科学 [6]。周洁（2019）在研究中表明，业财融合是借助计算机技术、网络和软件系统做到业务、财务和管理流程三体合一，优化业务流程，形成及时进行信息处理和数据集成的业财一体化系统 [7]。

2. 业财融合的应用

M.Morrow（1994）发现对组织流程再设计不但可以降低企业成本，还可以提升企业的发展质量，强化企业灵活应变的能力。George Valiris 和 Michalis Glykas（1999）提出，现代企业应对传统的劳动分工和职能管理导向理论进行优化，重视业务和财务协同发展的重要性。坚持以客户为导向，在组织管理中合理运用 IT 技术，使得企业可以在激烈的市场竞争中将一些不可预测的问题转变为可预测的问题，增强企业核心竞争力 [8]。

国内学者也对实现业财融合的应用进行了深入探讨。郭永清（2015）提出，业务和财务的有机融合是传统会计实现从核算财务转向创造价值增值的必由之路 [9]。段君亮（2015）在研究中提出，业财融合是企业精细管理、提升企业经济效益以及企业实现转型升级的需要 [10]。王学和于璐（2016）认为，在企业管理实践中，要突破部门围墙，推进业财融合，这将有利于财务发挥战略支撑作用，有利于企业战略执行力的增强，有利于落实价值管理理念 [11]。汤谷良（2018）在研究中表明，业财融合实质上是一项有关企业后台管理的业务，旨在通过一系列信息的确认、计量、记录和报告，帮助企业的管理者和员工做出有力的决策 [12]。

3. 业财融合与价值链

张庆龙（2017）提出，业务财务的一体化可以优化企业价值链管理，这就需要企业推进业财融合的发展。具体包含两个层次，第一层次是财务主动向业务领域靠近和渗透，通过实现信息的集成和实时管控来消除二者之间的界限；第二层次是要特别关注业财融合过程中价值链中不增值的链条，通过信息化与智能化的手段去消除该不增值的部分，以此达到对会计核算流程的优化[13]。

汤谷良等学者（2018）提出，企业在推进业财融合发展的过程中要时刻以企业价值链为核心，业财融合的覆盖领域不仅包括价值链中的每个环节，而且重要的是要以业务逻辑为核心，时刻展现不同业务活动之间的逻辑，使得企业价值链管理中涉及的各个环节之间能够协同发展[12]。

4. 业财融合与区块链

姚祎（2020）提到，构建财务共享中心就是把企业价值链条上涉及的各个部门都纳入区块链系统中，由此使得在业务推进过程中相应部门产生的所有单据、合同、条例等内容均经过流转确认到该财务共享中心，这样可以使财务人员突破以往仅处理相关费用报销、总账核算等的局限，还可以将工作内容延伸到前端的供应商管理、中端的成本管理、后端的客户管理等业务的全程，使得业财融合中的财务信息与业务信息一致[14]。

总体来讲，在推进企业业财融合的过程中，在理论层面，学者们都建议要深入渗透到企业价值链中的一系列活动中，以价值链管理为核心挖掘业财融合发展的多种可能性；而在技术层面，学者们也试图引入当前的一些新兴技术和理念，如引入区块链技术、构建企业的财务共享中心等去推动企业业财融合的发展。

1.2.2 区块链概述

1. 区块链的定义与性质

区块链技术是由各种已有的技术组合而成的，包括分布式网络、密码学、默克尔树、共识机制等。因此，严格意义上讲，区块链技术并不是一种全新的技术，而是将不断发展的已有技术相互融合演变而成的。以太坊创始人 Vitalik Buterin（2015）提出，区块链根据公开性及共识机制上的不同，可划分为公有链、私有链、联盟链三大类型[15]。

国内学者也对区块链的概念提出了自己的观点，林小驰、胡叶倩雯（2016）认为，区块链是指具有去中心化和去信任特性的并且需要由集体维护的一个可靠数据库[16]。尹冠乔（2017）在研究中指出，区块链作为一种以非对称加密算法为基础的分布式账本技术，每项交易只有在通过了所有节点的共识审核才可被上链记录[17]。而何蒲、于戈等（2017）认为，区块链可以看作由一个个不可篡改的区块组成的从第一页依次链接至下一页的电子账簿，当前一段时间内发生的全部交易数据都被准确地记录在相应区块内[18]。

2. 区块链的产生与发展历程

区块链技术起源于中本聪 2008 年的一篇文章，自此，国内外学者开始在许多方面对区块链进行详细研究，以期揭开其神秘面纱。在进行区块链的文献综述之前首先将它的发展史进行一个时间轴的划分：2008—2013年，奠定基础；2014—2015 年，推向市场，繁荣发展；2016—2017 年，跨越鸿沟；2018—2020 年，应用爆发，加速发展。

2008—2013 年：在这一阶段讨论的更多的是比特币，因为先有比特币，但随着后续发展人们发现比特币的底层技术非常有潜力，于是学者们将该底层技术抽象提取出来命名为区块链技术。中本聪在他的文章中曾提到了点对点电子现金系统，该系统可以建立不需要信任基础结构的去中心化电子交易系统[19]。2013 年在 ECrime Researchers Summit 会议上 Moser M. 等三位学者概述了在不完全了解真实身份但利用交易合约中的公共信息的情况下的替代性"反洗钱"策略，并讨论了作为一种去中心化货币的比特币的含义[20]。同年，张越等学者在文章中从为什么需要比特币、比特币如何获得、矿池挖矿方式、如何存储比特币、如何使用比特币等几个方面为我们打开了比特币的大门[21]。

2014—2015 年：在这一阶段，区块链技术开始推动市场繁荣发展，Zyskind G. 等学者已经提出了一种去中心化的个人数据管理系统，此外还对未来区块链的发展进行了扩展，这些扩展可以将区块链应用到社会中可信计算问题的全面解决方案中去[22]。同时，国内的学者开始在区块链的应用等方面展开研究，赵赫等提到了用区块链技术确保传感数据真实性的方法。这将使机器人能够在减轻或消除第三方不当干预（尤其是监管人员篡改数据）的同时执行其自身的职责。由于该方案成本比较低廉而且防篡改性比较强，所以作者认为该方案对于企业信息系统的架构非常具有借鉴意义[23]。武文斌也谈到了区块链技术应用到银行业务数据保护的必要性及其可行性[24]。

2016—2017 年：在这一阶段，区块链的研究不断跨越鸿沟，学者们试图将区块链技术应用到具体的领域，建立完善的区块链应用。夏新岳（2016）[25]、陈何清（2016）[26]等分别将区块链应用到股权资产购买和传输系统设计中，然而，由于技术壁垒等问题的存在，尚未形成成熟且具备实施条件的应用方案。Jun Dai，Miklos A. Vasarhelyi（2017）[27]通过比较现存 ERP 技术与区块链技术，对区块链技术在会计和审计方面的应用进行了探索，明确了区块链技术对建立实时、可验证和透明的会计生态系统的贡献；此外，区块链还可以优化目前的审计流程。Yermack（2017）[28]评估了证券交易所将区块链作为交易公司股票和追踪其所有权的新方法的这一变化对经理、投资者、审计师和其他利益相关者的潜在影响，明确指出区块链技术带来的低成本、强流动性、高准确性的记录和透明的所有权可能会极大地颠覆以上人群之间的权力平衡。总体而言，2017 年在具体领域应用的研究方面相对趋于成熟，且其涉及的领域范围也开始呈现出多元化的趋势。

2018—2020 年：在这一阶段，区块链应用爆发、加速发展。尤其2018 年可以说是区块链的爆发之年，研究内容不仅包括对区块链的核心技术——共识机制等进行深层次的挖掘，同时更多地开始转向区块链应用落地的研究，比如涉及金融行业的供应链金融、财政金融、互联网金融、银行、数字货币、会计、审计等领域，当然在众多领域中，金融领域的应用最多也最成功[29-38]。相比之下，对于制造业领域具体环节的区块链应用则较少，程平等（2020）[39-41]分别对企业采购、销售等领域做了区块链的应用研究，通过特定流程和区块链的紧密集成，它为企业特定领域的内部控制管理提供了强大的决策支持，从而提高了内部价值链管理的水平。

关于对区块链核心技术的深入挖掘，陈梦蓉等[42]2020 年在《基于"奖励制度"的 DPoS 共识机制改进》一文中通过博弈的角度对 DPos 共识机制进行改进，并且通过实验证明加入奖励机制的可行性，这为我们在具体方案中进行奖惩激励的设定并进一步进行共识机制的设计提供了思路。

总体来说，区块链技术在制造业企业中的应用研究尚处于起步阶段，大多数研究聚焦于企业财务系统的整体构建或全面优化等方面。而针对企业中某一具体环节，例如销售、采购等单个流程的研究，则相对较少，仅见于少数文献之中。

3. 区块链的应用

截至目前，区块链技术的发展历程可分为区块链 1.0、区块链 2.0 以及区块链 3.0 三个阶段。在区块链 1.0 时期，区块链技术的主要内容是与数字货币相关；在区块链 2.0 时期，区块链技术的核心内容是以设计金融领域的智能合约为代表；在区块链 3.0 时期，区块链技术的应用领域不再仅局限于金融领域，还涉及其他领域，如政府、知识产权、教育、文化和健康等领域。

在区块链的具体应用领域，Zyskind（2015）等人基于区块链技术的去中心化等特点，设计了一个致力于管理个人数据的系统，在该系统内部，用户可以在没有第三方参与的条件下实现管理自己数据的权利[43]。Chris（2016）研究认为利用区块链的时间戳、可追溯特性，能够解决供应链的担保问题[44]。Chakrabarti A（2017）等人讨论了区块链在零售行业的应用问题，具体包括供应链、产品以及客户等相关属性[45]。Radziwil（2017）

等人研究发现，区块链技术可以用于提高软件质量 [46]。

随着区块链技术的发展，国内众多学者也开始对区块链的应用领域展开研究。在供应链金融领域，马小峰等（2018）利用区块链的联盟链构建了一个供应链金融管理平台，旨在为参与供应链的相关方提供更便捷的融资方式 [47]。为解决电子支付存在的信用低、安全风险大、中介成本过高等问题，李佳（2018）提出了利用区块链的去中心化、公开透明等特性构建新型电子支付系统的构想，通过 P2P 方式交易，用智能合约的可自动执行操作代替传统纸质合同 [48]。在财会应用领域，钟玮、贾英姿（2016）探讨了区块链技术在财会方面的应用场景以及发展趋势 [49]；许金叶、夏凡（2017）认为，区块链所采用的 P2P、时间戳、分布式账本、共识机制、智能合约等技术，将会对企业的传统业务和财务带来颠覆性的影响 [50]；程平等（2020）利用区块链技术构建了销售活动的大会计研究模型，旨在提高销售活动的效率和安全 [41]。

1.2.3 企业价值链理论概述

1. 企业价值链理论的产生与发展历程

国外对于价值链理论的研究最早源于哈佛商学院教授 Michael Porter，他于 1985 年在《竞争优势》一书中提出了价值链的概念。他提出，价值链是企业从产品规划开始到生产、市场营销以及售后服务等一系列环节的业务集合体，最终为企业带来利润，并提出价值链是可以帮助企业创造并提高竞争力的关键工具 [51]。Govindarajan 和 Shank（1993）在研究中指出，企业发展应着眼于整个产业价值链条，不应仅局限于企业内部价值链 [52]。Hax 等人（1996）提出了"价值链战略联盟"的概念，认为企业应充分利用与关联企业间的协作效应提升竞争力和企业价值 [53]。

国内对于价值链理论的研究晚于国外，张旭波（1997）将 Michael Porter 教授的价值链以及价值行为理念引入国内 [54]。于富生、张敏（2005）

在深入分析价值链框架和操作流程之后，提出价值链的管理模式应当包括事前、事中以及事后三部分[55]。王波、姜峰秀（2008）指出研究价值链也要尊重客观实际，结合具体情况，运用作业成本法、EVA、供应链管理等方法优化企业价值链管理[56]。杨学成和陶晓波（2015）提出了"柔性价值网"的概念，它是一种由客户链接、互动以及重构共同发挥作用的新型价值创造模式[57]。

2. 内部价值链的定义与发展

企业的内部价值链是一项或多项关键活动和与之匹配的支持活动，可为企业内部的客户创造价值。

张记朋（2006）对价值链上下游环节及企业内部价值链进行了分析。其中在研究内部价值链时，他认为价值体系中最明显的关系是基本价值链中辅助活动和基本活动之间的关系，例如，产品设计会影响产品生产成本，实际采购会影响生产成本、产品质量等。所以，作者通过对生产、研发等设立指标来量化价值贡献，进而进行绩效评价[58]。同年，孙艳丽通过分析企业内部价值链管理存在的问题提出相应的改进措施[59]。Qingge Z（2012）提出成本管理应以研发费用为核算起点，售后服务费用为终点，覆盖了企业整个价值链，这对企业推进财务信息管理新模式有一定的借鉴意义[60]。韩美霞（2016）将基于作业的成本核算与企业的价值链相结合，建立研究成本管理问题的模型，并将该模型应用于企业管理以验证其有效性，这是进行企业的内部价值链定量研究的重要指南[61]。

1.2.4 客户、供应商评价与选择理论概述

1. 客户价值贡献分析与管理的发展历程

Barrett（1986）[65]结合 Pareto 原理，分析在通常情况下企业百分之八十的利润由百分之二十的顾客创造。因此，为大客户关系管理投入更多关注是未来研究的必然走向。

Millman（1995）[66] 提出了大客户关系发展模型，在公司与大客户的合作关系变好时，证实了大客户关系管理的重要性。一个完整的大客户关系管理包括五个时间节点，开始的阶段是孕育期，而后是初期阶段、中期阶段，进而发展成伙伴式的关系及合作式的关系，最后退化成间断的关系。

赵顺娣（2004）[63] 认为，企业价值理论的突破性成果是客户价值概念的提出，客户价值分析能使公司更精确地优化客户关系。作者在分析客户价值管理重要性的基础上，明确客户价值管理的相关准则及评价客户绩效的相关重点，最后总结出优化客户价值管理的措施。

肖辉（2008）[64] 在分析丝芙兰客户的购买行为特点时，选择 RFM 分析方法，具体分析客户的购买频率与购买金额，并在计算客户的生命周期价值时引入 DWYER 法。基于客户价值细分客户，并重新梳理客户资源。最后，作者总结并建议了化妆品零售公司如何开展客户价值管理，为了提高客户忠诚度，公司应该有针对性地采取对应的管理措施和服务策略，降低客户流失的风险。最终实现公司利润最大化，稳固其在行业内的核心竞争力。

卞波及（2014）[62] 分析了相关文献研究后，通过到公司的实地调研，结合大量的理论研究，重点分析 CZ 公司客户管理的现状，并参考公司的市场环境、在行业内竞争的情况等，构建了用于客户价值评价的相关指标体系。为了更好地解决客户相关的问题，在制定管理策略时引入聚类方法。

肖永良（2015）[68] 认为，客户价值体现在和客户明确合作关系后，客户能够为企业带来的收益。在客户关系的维护方面，为了高效解决过程中的每个问题，必须先要组建核心的团队，并撰写客户维护的计划，为客户提供针对性服务，以此提高客户对公司的忠诚度，需要注意的是保护好客户的隐私。考虑到不同公司的客户群体存在一些差异，所以公司在客户维护工作中应用该方法时，要结合公司的实际情况，进行不同程度的调整后再参考借鉴。

陈明光（2018）[69] 通过分析 Q 公司的客户价值，制定适合航运公司客户的价值评价方法，同时面向不同类型的客户开展定制服务，为航线管理人员提供合理的依据，并总结出航运企业客户关系管理相关问题解决办法，提出自己的见解。

郭琳（2019）[67] 关注到公司管理相关研究的重点话题放在了客户关系管理上，通过客户的开发与维护过程发现有价值的客户，通过发现更多潜在客户，加强公司的盈利能力，进而银行在管理客户尤其是法人用户时，即使这类客户有很强的购买能力，也更应当结合客户的价值仔细考核。因此，作者将针对银行的客户价值分析的问题深入研究，提出银行客户关系的提升方案。

赵娜（2019）[70] 将理论与实践相结合，从不同角度讨论了公司的客户价值管理过程。发现客户价值管理丰富理论，为其在商业行为中的定位奠定了基础。最终在商业信息的传递和流通环节中，使客户价值随着商业行为转变成商业效益。

李悦（2021）[71] 在分析时提到，互联网不断发展后，人们在网购上的消费也逐渐增多，因此在网络上留存大量订单信息。对于公司而言，在细分客户价值时，充分利用这些客户在网上留下的订单信息，最后基于细分结果构建对应的客户管理方案。文章指出，要充分利用客户线上评价的相关信息，在现代的购物环境中，对公司而言关注线上评价是十分必要的。通过总结与客户价值分析相关的研究，从公司的角度提出精准到不同客户类型的管理建议，更好地挖掘与维护客户。

2. 供应商评价与选择的发展历程

Zeger Degraeve 和 Filip Roodhooft（1996）将采购成本的控制定义为管控供应商总成本。他们认为，采购支出是由供应商引起的，并基于作业成本法理论，构建了关于供应商总成本的模型。该公式存在着局限性，该公式默认不同供应商公司的作业是相同的，但在实际中并非如此。因此在 1999 年发表的文章中，结合作业成本法和实际情况，在供应商总成本模型的基础上进行优化，构建了 TCO 模型，从而解决了供应商的选择问题 [72]。

D.Grant（1998）认为，公司发生的采购总成本应以满足顾客需求为前提，这样有利于公司产品的宣传与公司声誉的提升。同时指出了将 TCO 成本分析模型作为选择供应商的一种工具 [73]。

李步峰等（2002）在文章中指出，库珀和卡普兰以及菲利普等人将 TCO 成本定义为供应商总成本（本书在计算 TCO 时，借鉴使用该专有名词），认为采购价款、质量成本等都是由供应商引起的；接着指出模型中存在的不足并进行优化，最后以案例证明了优化后的 TCO 模型在选择与评价供应商时更加客观 [74]。

吴登丰、张庆年（2011）在文章开篇首先指出，传统的供应商选择与评价方法注重采购价款与运输费用等显性成本，而没有考虑提前期、质量问题等引起的隐性成本的影响，从而使最终评价结果的可信度降低。因此，他提出了将批量采购、质量等引起的成本计入总成本中，还提出了量化这些因素的模型即 TCO 模型，以提升供应商选择的准确性 [75]。

1.2.5 通证理论概述

Token 通常译为"通证"，有"流通""权益证明"以及"价值"三个属性。

1. 通证的定义

在早期互联网时代，"Token"是指登录时验证的令牌 [76]，而随着区块链技术的不断发展，"Token"演变为"基于区块链的价值表示物" [77]。Kagel（1972）认为，通证泛指可以代表各种的权益证明，包括金融证券类的货币、股票、债券，生活类的积分、会员卡券，证明类的身份证、学历等 [78]。Savelyev(2018) 将通证划分为支付型通证、应用程序型通证和资产型通证三类[79]。Hine 等 (2018) 在研究中表明，在通证经济体系中，每一个参与者付出一定的劳动，作出自己相应的贡献，就可以获得一定的通证奖励，并可以以通证的形式支付消费费用[80]。李晶（2019）认为，通证是在区块链的背景下，尤其是经济激励功能发展起来的数字资产[81]。国内较多学者认为"Token"应翻译为"通证"，但杨东（2019）指出将"Token"翻译成"共票"更符合中国实际，"共"即凝聚共识，共筹共智，是可以真正共享的股票；"票"即支付、流通、分配、权益的票证[82]。

2. 通证的职能

Huckle 等人（2016）认为，通证经济实质上是社会生产关系的一种变革，以达到共享经济发展要求[83]。Lee 等人（2011）研究表明，通证因其高速流转性，发挥了价格发现功能，每一个通证的价值都能在市场上获得迅速的确认[84]。姚前（2018）发现，通证在区块链的核心技术之———智能合约的背景下，将提升交易效率[85]。庄雷（2019）认为，通证经济价值表现之一为实现了资源配置供给侧的结构性改革[86]。

关于通证的奖惩激励应用，Laskowski M 等学者 2019 年提到利用系统建模和仿真，结合加密货币专业知识，设计一种激励企业和个人用户的机制，特别是通过使用补贴池、应用程序开发人员，帮助采用其新的 MainNet 公共区块链网络[87]。同年，金雪涛[88] 谈到通证的高速流转让市场能够在很短的时间内完成价格发现，交易更加透明公平。这一机制的有序运转为证书、合同等材料的通证化提供了条件，未来权益证明的交易方式将被彻底改变。李晶[81] 也谈到以具有去中心化、不可篡改等特性的区块链技术为基础的通证，可以鼓励企业构建以诚信行为为基准的经济激励机制。

此外，关于引入通证如何进行会计账务处理，操群等学者（2019）提出了数字通证资产如何进行确认和终止确认、首次计量和后续计量等[89]。

3. 通证与区块链

Savelyev（2018）在研究中指出，通证是区块链系统的重要组成部分。通证在区块链系统中可以充当正向激励的工具，某个参与者对系统的贡献与获得通证的数量成正比；同理，协作程度也与通证价值呈正向相关关系[80]。李晶（2019）认为，从经济视角看，通证经济是将通证作为一种价值手段，在区块链网络中进行生产、消费、分配等一系列经济活动；从参与主体看，通证经济是指以通证作为绩效激励手段，促使经营者、消费者和区块链平台成为价值统一体；从组织治理看，通证经济通过对通证的发行和分配共识而形成的社区治理新模式[82]。金雪涛（2019）认为，通证和区块链互相独立但又彼此依赖。区块链是后台技术支撑，而通证是技术之上的经济形态[90]。

Jei Young Lee（2019）介绍了区块链技术和加密货币是如何发展和相互关联的，并通过不同的业务模型创建了一个通证经济[91]。Peiyao Xu 等（2019）表示，基于区块链的通证经济为企业用户资产提供定价，使用户成为未来价值的最大创造者。通过研究区块链通证经济的共享和价值共同创造机制，提出了构建一个启用共享经济与工业路由器的想法，旨在帮助企业快速响应市场，提高业务操作水平，优化价值链的循环，提高质量和效率，实现创新的跨越式发展[92]。Paul P. Momtaz（2020）通过研究代币发行（ICOs），首次证明了创业融资环境下的信号传递存在道德风险[93]。Rumy Narayan 等（2020）探讨了如何使用区块链中的通证来优化商业合作，以支持价值创造和分配的循环模型。其结果表明，通证可以使以前断开连接的产品生态系统重新聚合，并释放发展业务所需的创造力和创新浪潮[94]。刘昌用（2019）认为，通证的本质是信用证券，它可以被自由地赋予各种约定或功能，一旦发行，通过密码货币系统和众多交易所可以具有很高的流动性。尽管如此，对待通证化还是要保持小心谨慎的态度，因为发行门槛低、赋能弹性大和易流转也代表着管理困难和面临高信用风险[96]。曾宪文

（2019）以区块链技术为依托，设计了一个去中介化、可追溯但不可篡改的通证链，能够打破各种信息障碍，又将通证应用到通证链上，提高了企业之间的信任和信息共享的程度 [97]。

1.2.6 本章小结

从已有的文献资料来看，企业要想在激烈的市场竞争中站得住脚就要不断优化资源配置，提高企业经济效益，这就需要企业不断实现业务和财务的深入融合，借助新的区块链技术优化业务流程设计不失为一个新方向。

国内外关于区块链技术对企业财务业务的研究大都处于理论探讨阶段，更多的是局限在影响、发展前景等宏观层面，鲜有文章对企业价值链管理中的某一具体环节进行深入研究，未将区块链技术真正地在企业业务财务方面落地生根。

同时，伴随着企业经营管理的不断完善发展，国内外对企业价值链方面的研究也变得更加深入和广泛。在价值链研究方面，国内大多数的研究都主要集中在价值链是一种企业管理和分析战略的工具；但具体将企业内部价值链中的销售环节进行优化突破的较少，而将其与新兴的区块链技术结合的文献更是屈指可数。

而纵观国内外的研究，将区块链与通证结合的研究大都处于起步阶段，结合具体企业销售业务环节的研究更是为数不多。

本章通过梳理国内外有关区块链的研究成果发现，目前区块链的应用场景主要有以下几个特点：第一，相关主体之间专业分工较为明确，需要频繁交互信息，而且信用成本也较高；第二，各个责任主体需要对责任领域的信息进行审核验证、协同判断，达成共识；第三，相关主体之间需要共享信息。企业价值链中的许多权利环节都需要相关参与主体交互、共享信息，需要各参与方对信息审批确认，因此利用区块链去优化企业各环节价值链管理具有一定的可行性。

因此，本研究以制造业企业为例，在业财融合的背景下，利用区块链技术，对企业的销售业务环节进行优化设计，并借助超级账本中的 Fabric 架构和 Go 语言来进行程序实现，同时对企业各环节的业务共识进行通证设计，旨在以新的绩效考核评价方式，明确企业增值业务流程，提升企业整体的价值链体系建设，同时期望能够为企业创造更大的价值。

第 2 章　销售环节共识机制

2.1 企业销售环节业财融合管理需求分析

2.1.1 企业销售环节现状分析

销售业务是指企业将生产出的符合一定标准和要求的产品销售出去，创造产品价值，同时为企业带来收益的一种行为。对于企业而言，销售业务是企业生产经营获得价值的最后一个环节，也是至关重要的一步。

根据审计循环中的销售与收款循环，本书将销售流程划分为订立销售合同、发货以及收款三大环节。其中，订立销售合同环节又可以详细划分为接受客户订单、审核信用、签订销售合同三部分；发货环节可细分为按销售订单发货以及装运货物；收款环节包括开具账单和账务处理。具体分析如下：

1. 订立销售合同

（1）接受客户订单。该部分是整个销售业务的起点。企业在与客户达成初步意向后，客户会向企业的销售部门提交订单信息，明确需求；销售人员根据客户所在区域、市场行情等信息完成询价，同时出具报价单，再流转到销售主管处进行审核。若审核未通过，则需要销售人员继续进行产品的询价和报价；若审核通过，则流转到信用审核流程。

（2）审核信用。信用部门根据收集的行业征信信息、业务往来等情况，结合信用评价体系，对客户进行信用调查，出具信用报告。若采用赊销销售方式，信用部门还应核定恰当的赊销信用额度，防止日后款项无法收回，形成坏账。若信用部门不认可此笔销售业务，应在出具相应信用报告的基础上，告知销售部门继续寻找新客户；若信用部门认可此笔销售业务，应出具信用报告，同时业务流转到下一环节。

（3）签订销售合同。销售部门根据客户提交的订单需求信息及信用报告等同客户订立销售合同，并开具相应的销售单。

2. 发货

（1）按销售订单发货。仓储部门根据销售单，准备安排发货，并出具出库单。

（2）装运货物。物流部门先验证销售单和出库单，确认出库单上拟发货的货物与销售单的信息一致之后对货物进行装运，同时开具发运单。

3. 收款

在收到客户的签收单或者验收单时，企业的财务部门给客户开具销售发票，并记录销售，进行相关账务处理。具体企业传统销售流程如图 2.1 所示。

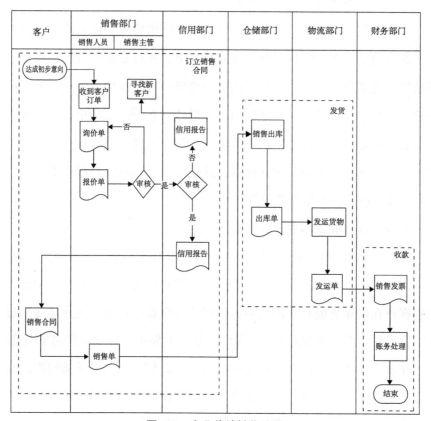

图 2.1　企业传统销售流程

2.1.2 企业销售环节问题识别与分析

本章结合大多数制造业企业销售活动的现状，概括总结出如下四类问题，并详细论述了各个问题在不同环节的具体表现。

1. 存在单据信息丢失的风险

企业的销售业务在流转过程中会产生较多的原始凭证，例如：询价单、报价单、销售合同、出库单、发运单、销售发票等。单据在一环接一环的流转过程中不可避免地会出现单据丢失的情况，这不仅会影响企业正常业务的顺利开展，还会增加时间成本，浪费人力资源及相关物力，大大降低工作效率和员工的工作积极性。

2. 存在信息篡改、造假的可能性

根据舞弊三角理论，一方面，销售人员在销售业绩压力下，容易有舞弊造假的动机，极易在自我合理化的情况下，在订立销售合同的过程中进行造假，伪造合同金额，从而导致财务舞弊事件的发生；另一方面，在传统销售流程中，财务部门是业务信息、财务信息等的汇集中心，掌握着企业的诸多关键信息。因此，在收款环节，财务人员在进行账务处理的过程中，可能存在利用职位的便利性以及其他业务部门对信息的不对称性，涉嫌财务账务造假，产生道德风险。

3. 存在信息共享不充分的问题

在订立销售合同环节，目前商业信息没有实现共享，信用部门在审核客户信用时，往往处于信息劣势地位，存在严重的信息不对称问题，会忽视客户在信用方面存在的风险，信用状况审查不严格，更多地流于形式化，将不符合资质要求的客户对象纳入销售对象中，导致销售回款困难。

在发货环节，部门间的信息共享不充分，信息传递缺乏顺畅性，在一定程度上存在信息孤岛，因而存在货物无法保质保量按时送达客户的可能性，造成违约，这会严重影响企业的形象，长此以往，会导致客户关系恶化，甚至会导致市场份额的减少。

在收款环节，财务部门是核心业务部门，需要交叉业务部门的信息共享，但由于目前机制的弊端，无法实现某些必要信息的共享，容易出现履约进度与收款权利未及时确认的情况，从而导致收入确认期间错误。

4. 存在交易流程复杂的问题

在订立销售合同过程中，传统流程是采用中心化管理模式，即需要经过销售部门人员、销售主管以及信用部门等组织的层层审批，整个业务流程较为复杂，这在无形之中增加了时间耗费成本。此外，考虑到具有上下级关系的业务部门间拥有的审核权限不尽相同，假设其中一个业务部门没有正常对任务进行审批，那么下一个流转环节的业务部门就无从下手，产生了断档，这严重影响了企业整体的运转效率。

在发货环节，物流部门也需要对从销售部门、信用部门、仓储部门传递来的发货单进行再次审查核实，存在重复工作问题，降低了业务处理的速度和信息传递的效率，增加了管理负担。

在收款环节，财务部门进行账务处理，需要不同业务部门的通力合作，由于目前机制的复杂性，财务部门在处理业务时需要耗费大量的人力、物力和财力。例如，财务部门在开具销售发票环节，还可能出现发票与出库单、物流单不相符的情况，要想解决这一问题，往往需要集中多个业务部门的力量，循着业务发生顺序，层层分析，才能找到问题的原因。整个交易流程的复杂性，增加了交易的成本，同时也严重降低了企业管理运行的效率，妨碍了企业的顺利运转。

2.1.3　企业销售环节业财融合管理需求

区块链的分布式账本、非对称加密、共识机制以及智能合约四大核心技术，以及其所特有的链式结构、时间戳等特色，可以和企业的销售活动很好地结合在一起，从而有效地解决传统销售业务流程中存在的弊端。

1. 分布式存储防范信息丢失

区块链技术的突出优势是分布式存储，区块链系统中的各个节点之间权限是平等的，各个节点均有一份完整的账本信息，即区块链具有公开透明的特性。例如，在订立销售合同环节，当一方有关销售合同的数据丢失时，不必担心，因为其他参与方账本中仍存在相关资料信息的备份；在发货环节同样可以避免因相关销售单据、出库单、物流单等原始凭证缺失带来的风险；同样在销售业务的收款环节，财务部门在进行账务处理过程中，可以有效地避免账本丢失等情况的出现。

2. 非对称加密技术等防范篡改风险

区块链的非对称加密技术，确保了任何人都无法篡改信息，即使某个节点对数据进行了改动，也不是在原数据上的改动，所有系统内的任何操作，区块链账本上都会留有痕迹，一旦做出改动，各个节点根据哈希值（Hash 值）以及共识机制，会立马察觉到，拒绝该信息的上链。

链式结构是确保区块链数据完整性的基础，时间戳是区块链中数据的存在性证明。一方面，区块链依据区块间前后哈希值的对应关系，实现了区块链所独有的链式结构，从而在结构上确保了整个销售业务逻辑的全程可追溯性；另一方面，区块链技术中的时间戳功能，为区块链上的数据信息增加了时间方面的信息，从而使得通过区块数据和时间戳来实现信息的追溯成为可能。例如，在销售业务流程中，一旦某笔业务出现篡改、造假等异常问题时，便可以借助时间戳和区块链特有的链式结构实现信息的追溯，及时定位篡改风险及问题所在，发现风险及问题根源，采取手段化解风险、解决问题，提升业务运营效率。

3. 共识机制改变信息沟通方式

区块链技术的核心价值在于弱中心化的设计，区块链系统不存在完全中心化的组织，而是由各个节点点对点传输，共同对某项交易作出判断，完成共识，实现业务的上链，维护整个系统的平稳运行。因此，区块链系统中的共识机制可以让通道内参与交易的相关多方协同推进业务发展，不再是中心节点独立推动业务，避免了中心化模式下的"一手遮天"的垄断方式，提高决策群力，信息的生成由多方校验，充分发挥了通道内部的民主性，改变了信息沟通的方式，避免了因信息共享不充分带来的一系列问题。

此外，凡是区块链中已经上链的信息，参与上链的各个组织均可以共享通道内部信息，从根本上杜绝信息不对称带来的风险，打通各个业务部门之间的壁垒，破除信息孤岛，实现链上信息的共享，让信息流在各业务部门之间流转，这也有助于企业实现业财融合。

4. 智能合约提升企业的运行效率

智能合约是区块链技术的关键技术要素之一。将区块链的智能合约运用到企业销售环节价值链管理中，当业务满足链码中的相关底层逻辑时，合约会自动地执行，完成相关预设交易。自动执行的一大特色，简化了之前繁杂的业务流程逻辑，降低了此前为消除不信任性、增强交易方间信任度的成本，同时也提升了业务运行效率。

此外，本书所采用的全共识机制，运用区块链的弱中心化思想将企业销售价值链管理中具有紧密协同关系的业务流程由"串联"模式变为"并联"模式，减少了中间层级，简化了繁杂的"串联"审批流程，同时也可以有效避免重复性的工作，提高业务执行的效率。

2.2　共识参与方设计

2.2.1　销售模块总体功能

随着经济的不断发展，市场竞争越来越激烈，企业为了在激烈的市场竞争中占据优势，实现可持续发展，必须要做好销售环节的工作，不断开拓新的市场，提高市场占有率。同时，社会经济的发展带动企业管理理念的改革与创新，企业的经营管理理念由原本的生产型变为生产销售型，更加看重市场销售。因此，重视销售环节能够扩大企业的市场占有率，吸引更多的消费者，同时还能够满足市场的发展需求，推动企业实现战略目标，从而给企业自身的发展带来更多的利益，最终实现经济效益最大化。具体来说，销售环节的主要功能是：第一，制定销售战略：包括资源的调配，人员的分工及激励，客户的关系协调，以及提供一部分技术的支持；第二，销售各方针对不同客户制订实施方案并执行销售任务：包括制定技术方案、考核方案，与客户保持良好沟通，签订销售合同，建立销售渠道等；第三，销售产品或服务并完成销售业务，包括发运产品，提供售前、售中和售后服务，收回货款，管理应收账款等。

除了销售环节总体的功能，本书还研究了在业财融合的背景下企业销售环节各项业务所涉及的各个部门功能。将这些部门称为部门组织，其含有在区块链网络里完成各种功能的节点，包括主节点、背书节点、记账节点等。这些节点共同负责账本的维护工作。其中，一个组织中一般只有一个主节点，主节点可以强制设置，也可以通过动态选举方式产生；背书节点是动态角色，负责验证交易并对交易进行签名；所有的节点都是记账节点，记录的是节点已加入通道的账本数据。

在企业销售流程中，从接受客户订单到订立销售合同，到发运货物，再到收款，需要由多个部门协助共同完成，具体会涉及销售部门、信用部门、仓储部门、生产部门、财务部门以及客户。因此，本书结合业财融合的需要，设置了六个参与业务的部门组织：销售部门组织、信用部门组织、仓储部门组织、生产部门组织、财务部门组织以及客户。每个组织都包含了三大功能，即业务功能、背书功能与记账功能。其中，业务功能是对相关业务进行发起、查询或评价的功能，背书功能是将相关信息进行背书确认，记账功能是对相关信息进行真实完整的记录。这六个参与方的具体功能介绍见下文。

2.2.2 销售部门组织

销售部门组织是负责维护订立销售合同业务、供货能力测试业务以及确认履约进度与收款权利业务的相关交易账本的组织，需要完成发起与客户订立销售合同、发起确认履约进度与收款权利等任务，对相关信息进行背书并记录到账本中。

销售部门组织的功能如下：

1. 业务功能

（1）发起业务。销售部门在收到客户订单后，应分别向信用部门、仓储部门、生产部门以及客户发起订立销售合同的业务；此外，按照新收入确认准则的规定，销售部门应在收到客户的签收单或验收单时，及时向财务部门和客户发起确认履约进度与收款权利业务。

（2）查询业务。销售部门依据每笔业务的业务编号或关键字能够查询到相关业务的具体信息和历史信息。

（3）评价功能。依据发生过的业务对客户进行评价。

2. 背书功能

销售部门对订立销售合同交易提案信息、供货能力测试交易提案信息、确认履约进度与收款权利交易提案信息进行背书确认。

3. 记账功能

销售部门能够真实完整地记录订立销售合同业务、供货能力测试业务、确认履约进度与收款权利业务的发起信息、完成信息和失败信息，并将共识的相关信息进行上链。

2.2.3 信用部门组织

信用部门参与方是负责维护订立销售合同业务相关交易账本的组织，根据本部门收集的客户所在行业征信信息，对客户的信用进行审核，完成与客户订立销售合同任务，对相关信息进行背书并记录到账本中。

信用部门组织的功能如下：

1. 业务功能

（1）查询业务。信用部门依据每笔业务的业务编号或关键字能够查询到相关业务的具体信息和历史信息。

（2）评价功能。依据发生过的业务对客户进行评价。

2. 背书功能

订立销售合同业务背书：信用部门根据本部门收集的客户所在行业征信信息，对客户的信用进行审核，同时审核交易提案中涉及的货款结算方式、时间等信息是否符合企业的相关信用标准规定，对订立销售合同的交易提案信息进行背书确认。

3. 记账功能

订立销售合同业务记账：信用部门能够真实完整地记录订立销售合同业务的发起信息、完成信息和失败信息，将共识的相关信息进行上链。

2.2.4 仓储部门组织

仓储部门组织是负责维护订立销售合同、供货能力测试的相关交易账本的组织，要完成发起供货能力测试业务，同时对相关信息进行背书并记录到账本中。

仓储部门组织的功能如下：

1. 业务功能

（1）发起业务。企业的货物存储在仓储部门，且由仓储部门发出，因此仓储部门需定期向销售部门、生产部门发起供货能力测试业务。

（2）查询业务。仓储部门依据每笔业务的业务编号或关键字能够查询到相关业务的具体信息和历史信息。

2. 背书功能

（1）订立销售合同业务背书。仓储部门根据当前库存量，其他订单已接受的数量，同时综合生产部门的供货量信息综合做出判断，综合得出能够接受的订单货物数量。对订立销售合同的交易提案信息进行背书确认。

（2）供货能力测试业务背书。仓储部门在该共识中主要对仓储信息进行确认，对供货能力测试的交易提案信息进行背书确认。

3. 记账功能

仓储部门能够真实完整地记录订立销售合同业务、供货能力测试业务的发起信息、完成信息和失败信息，并将共识的相关信息进行上链。

2.2.5 生产部门组织

生产部门组织是负责维护订立销售合同、供货能力测试的相关交易账本的组织，对相关信息进行背书并记录到账本中。

生产部门组织的功能如下：

1. 业务功能

查询业务。生产部门依据每笔业务的业务编号或关键字能够查询到相关业务的具体信息和历史信息。

2. 背书功能

（1）订立销售合同业务背书。生产部门根据自身的生产计划以及剩余的生产能力对销售合同进行审核确认，对订立销售合同的交易提案信息进行背书确认。

（2）供货能力测试业务背书。生产部门在该共识中起补足订单货物数量的作用。生产部门根据账本中的已有信息及自身收集到的信息，对供货数量进行审核确认，对供货能力测试的交易提案信息进行背书确认。

3. 记账功能

生产部门能够真实完整地记录订立销售合同业务、供货能力测试业务的发起信息、完成信息和失败信息，并将共识的相关信息进行上链。

2.2.6 财务部门组织

财务部门组织是负责维护确认履约进度与收款权利业务相关交易账本的组织，对相关信息进行背书并记录到账本中。

财务部门组织的功能如下：

1. 业务功能

查询业务。财务部门依据每笔业务的业务编号或关键字能够查询到相关业务的具体信息和历史信息。

2. 背书功能

确认履约进度与收款权利业务背书：财务部门在该共识的职责是明确履约进度与收款权利，依据签收单事实和销售合同协议，明确相应的履约进度与收款权利，同时财务部门应对销售部门的履约进度进行核实确认，是否符合合约中的履约条款，对确认履约进度与收款权利的交易提案信息进行背书确认。

3. 记账功能

确认履约进度与收款权利业务记账：财务部门能够真实完整地记录确认履约进度与收款权利业务的发起信息、完成信息和失败信息。

2.2.7 客户组织

客户组织是负责维护订立销售合同业务以及确认履约进度与收款权利业务的相关交易账本的组织，对相关信息进行背书并记录到账本中。

客户组织的功能如下：

1. 业务功能

查询业务。客户依据每笔业务的业务编号或关键字能够查询到相关业务的具体信息和历史信息，及时收到相关反馈信息。

2. 背书功能

客户对订立销售合同交易提案信息、确认履约进度与收款权利交易提案信息进行背书确认。

3. 记账功能

客户能够真实完整地记录订立销售合同业务、确认履约进度与收款权利业务的发起信息、完成信息和失败信息，并将共识的相关信息进行上链。

2.3 业务流程设计

2.3.1 销售业务流程总述

本书是在相关假设前提下进行销售业务流程的设计。假设企业的销售计划是已经存在的，即先验的。企业对客户贡献价值进行分析，然后依据已有的销售计划同客户订立销售合同，因此把订立销售合同作为整个销售环节的起点。在企业销售环节价值链管理中，企业对于供货能力的测试至关重要，它能有效避免供货事故的发生率，确保该项业务的顺利开展；同时，确认履约进度与收款权利也是企业进行账务处理，确认收入结转成本的关键环节，关系着企业价值的实现。

因此，本书从业财融合的角度出发，将企业价值链中的销售业务流程分为订立销售合同、供货能力测试以及确认履约进度与收款权利三个业务流程，三部分内容环环相扣，是一个有机的整体。销售部门是订立销售合同通道、确认履约进度与收款权利通道的发起组织，仓储部门是供货能力测试通道的发起组织，两者分别登录应用程序，该应用程序的功能是推动业务流程及其相应共识机制的顺利进行，经过验证后，请求相应通道内的其他节点对交易提案请求进行背书确认，以确保顺利完成各项交易并上链。

　　也就是说，联盟链中的订立销售合同、供货能力测试以及确认履约进度与收款权利三项业务，遵循销售环节的业务逻辑，共同完成销售业务流程信息的上链。账务处理平台作为私有链网络，通过确认履约进度与收款权利共识中的财务部门接口与联盟链相联系。账务处理平台可以自动从联盟链通道上获取相关信息并进行相应的账务处理，实现将财务嵌入业务系统中，同时也实现了业务和财务数据的同步，并从源头上保证了数据信息的可靠性和准确性，实现了业务与财务的融合管理。这三个业务流程的具体关系如图 2.2 所示。

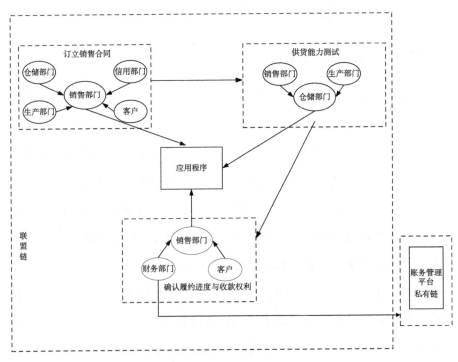

图 2.2　基于区块链技术的销售业务流程关系

2.3.2　客户贡献价值分析与管理设计

1.客户价值贡献分析与管理基础背景及意义

　　在互联网飞速发展背景下，财务人员的职能正在发生改变，以往的会计核算如今无法适应公司的经营决策，其工作内容不仅是幕后的核算监督工作，而逐渐需要渗透到业务工作中。当前，财务与业务并非两个不相关的部分，基于业财融合，将财务人员职责范围扩大至业务领域，巩固财务对业务的指导地位。

在此背景下，财务人员利用好客户的数据，从中分析并发现客户的价值贡献是非常必要的。公司经营成功的关键一条就是要发现、重视客户的价值贡献，财务人员主动做好客户价值贡献的识别，并对客户价值贡献进行有效的管理，能够实现公司盈利能力的增加，更可以帮助缓解公司在经营方面存在的风险。财务人员结合客户价值贡献的变化，督促相关业务部门通过更准确、更高效的方法提供符合客户心意的产品和服务，从而提高客户的价值贡献，使公司的收益达到最大化。

企业在制订销售计划后，应对客户贡献价值进行分析，公司中客户带来的价值贡献越高，对公司的经济贡献就越好，在同行业的竞争中公司也更能站稳脚跟。公司要想成功，就必须对客户深入了解，分析客户的价值贡献变化原因，通过不同的客户价值贡献类型，提供不同的服务于客户，目的是了解客户和保留客户。只有做好基于客户价值贡献分析的收入预警及客户的信用评级管理等，才能防止客户流失带来的一系列风险。

基于以上背景，对企业客户价值贡献分析与管理进行研究，构建客户价值贡献分析模型，基于价值贡献分析结果做好收入预警及对应的客户信用管理等工作具有十分重要的意义，主要体现在以下两个方面：

一是通过量化的客户价值贡献评价方法，有助于财务人员充分利用客户收入数据，分析并评价客户的价值贡献，实现公司资源的有效配置。为了追求收益最大化，财务人员就需要根据不同客户价值贡献的差异，做好收入的预警及应收账款管理等管理工作。

二是防止财务部工作边缘化。做好客户价值贡献分析可以输出不同客户的价值贡献信息，使财务部能依据相关信息更好地推进销售部、客服部的工作，进而使公司内部管理水平有所提高，市场竞争力逐步提升。

2. 客户价值贡献分析模型构建

（1）客户价值贡献分析模型设计思路。

研究学者们对客户价值贡献的研究沿着三个角度展开：一是公司为客户提供的价值贡献，即从客户的视角出发，感受从公司购买的产品服务的价值；二是客户为公司提供的价值贡献，即从公司的视角感知，判断客户的消费行为等为公司创造的价值贡献，该客户价值贡献表示了客户对于公司的重要程度，是公司业务部门对客户进行差异化管理的依据；三是公司和客户互为价值贡献感知主客体的研究，即为客户价值交换研究。

从客户角度来说，客户价值贡献就是客户在购买产品后所能收获的利润之和减去客户购买产品所需的成本之和[96]。即客户价值表示为客户感知利得减去客户感知成本。

以公司的视角而言，客户价值贡献是与公司具有固定关系的客户为公司带来的利润，并且该客户愿意接受公司提供的产品服务的价格，即客户为企业提供的利润贡献。客户的时间因素体现在"固定关系"上。持久且稳定地与公司保持接触的客户和偶然几次与公司接触的客户，对于公司来说其价值贡献是不同的。

本书是从公司的视角测算客户价值贡献，构建客户价值贡献分析模型，为财务部找到适合的客户价值贡献评价方法。目前，应用较多的客户价值贡献评价是利用客户的当前价值与潜在价值来评价。对于当前价值的衡量，学者们大多选用客户的利润贡献价值；对于潜在价值衡量指标的选取却各有不同，表示了客户对公司的潜在影响，如客户之间的口碑宣传、固定时间内客户的回购次数、客户支出占其总消费的比例等。

参考这种思路，回归交易本身的逻辑构建客户价值贡献分析模型。总体设计思路为：首先，客户为公司带来的价值贡献简单来说是现金流的形成，即交易本身的现金流；其次，客户的付款能力也需要关注，要考虑到与客户交易的购买金额是否一定能够按照合约要求到期付现，按时交付；最后，从发展视角来看，是否能够与客户形成持续、稳定、不断发展的购买关系。依据这三点设想，构建客户价值贡献分析模型。

（2）客户价值贡献分析模型构建。

模型第一个层次为交易本身产生的现金流，即交易价值，拟选择交易的购买金额作为客户价值贡献模型的第一个变量，即客户的交易数量乘单价。

这里参考借鉴客户终生价值（CLV）[97] 的贡献求和思想。1974 年，Kotler 首次提出了客户终生价值的概念，他认为在衡量客户的贡献时应计算完整客户生命周期内的价值。[98] 而客户生命周期（Customer Lifecycle）表示的是一段时间，即从客户与公司产生交集开始，至双方合作关系结束为止。客户终生价值就是指客户生命周期内为公司带来的全部价值贡献。由于客户的生命周期分为不同时间节点，在不同时间，对应的价值贡献也不完全相同，考虑到存在时间价值因素，所以要对不同时间节点的价值贡献贴现，再计算客户的终生价值。

假设 V 是客户的终生价值现值，客户的生命周期为 T，n 为计算的年份，对应年份客户给公司带来的价值贡献为 C_n，银行贴现率为 i，则客户的终生价值模型为

$$V = \sum_{n=1}^{T} \left[C_n \times (1+i)^{-n} \right] \tag{2.1}$$

交易金额作为客户价值贡献的一部分，对计算期内的交易金额求和。由于计算期拟定为过去 1 年，所以暂不考虑客户终生价值模型中的折现问题和未来价值的预测问题。

该模型的第二个层次为关注交易的金额是否能够按时付现。本书认为在与客户达成交易后，客户后续的付款情况也十分重要，所以应当给交易金额设立相关指标系数，将客户的付款情况反映出来。考虑到交易的相关

企业不只是公司的客户，更是生产商，为了维持其供应链稳定，这些客户的付款意愿是充分的。进而付款的情况主要考察客户的付款能力，具体表现在流动性资产的情况。因此，本节选择用评价客户偿债能力指标中的速动比率来反映付款能力。

第三个层次以发展视角来看公司与客户是否能够形成持续、稳定、不断发展的购买关系。参考RFM模型，由购买频率反映公司与客户的交易稳定情况。用一年内客户每月购买量的标准差表示，并把它放在模型的分母上，这样也能够侧面表现出该客户的风险。之所以不用购买金额的标准差来表示，是因为购买金额的波动包含了单价的波动，单价波动由许多其他因素引起，而客户价值贡献分析模型考核的是客户本身的价值贡献，那么购买频率的波动应该只是购买量的波动而非单价的波动。

美国学者Hughes[99]于1994年首次提出了RFM模型，该模型由三个变量组成，分别是最近购买时间、购买频率及购买金额。变量解释如下：最近购买时间代表客户最新一次的交易时间和评价客户价值时的时间差。假如时间差很小，合理估计客户可能再次购买公司的产品，因为客户与公司近期有过交易记录，所以这类客户的价值贡献比较高。相反，若时间差较大，那么客户回购的可能性不高，因为客户长时间没有购买，客户价值贡献相对较低。购买频率表示在计算期内客户与公司交易的总次数。通常而言，客户购买频率越高，表明客户的忠诚度越高，对应的客户价值贡献就越大。为了使研究更加全面，将最近交易时间和购买频率综合分析。当客户的最近交易时间很长，即使客户的购买频率高，但是依旧表示这类客户的流失风险很高，客户的价值贡献相对较小；当客户的最近交易时间很短，即便客户购买频率很低，可以理解为客户再次购买的可能性相对较高，客户价值贡献也就相对较大。而购买金额表示考察期内客户的购买总金额。通俗地说，客户的购买金额越高，客户的忠诚度越高，客户的价值贡献就越大。

综上，本书的客户价值贡献分析模型为：

$$V = \frac{1}{s}\left[\sum_{n=1}^{T}(\alpha \times C_n)\right] \qquad (2.2)$$

式中，V：1 年期内客户的价值；

n：1 年期内月份数，为 1，2，…，12；

T：1 年的月份数，为 12；

α：客户付款能力系数；

C_n：客户每个月的交易金额；

s：客户每个月购买量的标准差。

3. 客户价值贡献分析结果的应用方案设计

基于客户价值贡献分析模型，以某公司的 10 个客户为例进行价值贡献分析与评价。被分析的 10 位客户的价值贡献有很大差别，为了使公司利益最大化，应把公司的资源重点向价值贡献大的客户倾斜，同时为了防止有些客户为公司带来负面影响，应适当放弃一些客户价值贡献低微的客户。所以针对客户价值贡献做进一步细分有利于公司的稳定发展。

首先，以客户购买金额为纵坐标，其数值等于该客户的年度购买总金额，以客户购买行为持续性为横坐标，其数值等于客户每月购买量标准差的倒数，据此绘制图 2.3，得到四种客户价值贡献类型。

（1）A 象限客户：利润贡献型客户。此类客户目前为公司创造的利润贡献非常大，对公司产品的购买量也处在很高的水平，维持目前的水平可以为公司带来很高的价值贡献。但是，此类客户在忠诚程度上表现不好，购买频率不稳定，有流失的风险。

（2）B 象限客户：战略型客户。此类客户目前持续且稳定地为公司带来较高的利润贡献，是公司最理想的客户。并且这些客户忠诚度较高，交易频率高且稳定，对公司展示出充分的信任，对公司的产品和服务满意度较高。同时，这类客户也是公司培养客户的目标，能够为公司带来很多未来利润。

（3）C象限客户：普通型客户。此类客户对公司的影响较小，直观表现为给公司带来的收益处在较低水平。同时，由于客户本身的购买能力较差，很难保持稳定购买，所以公司通过合同与该类客户约定的交易时长也较短。以发展的眼光看，客户的信用度不高且未来的潜力也较小，是价值贡献低的客户。

（4）D象限客户：稳定购买型客户。根据购买记录来看，此类客户为公司带来的价值较低，但是能够保证持续稳定地购买公司的产品。针对该类客户当前的购买行为特征和需求状况来看，目前的价值贡献较低。但是此类客户由于经营能力较好，拥有良好的品牌信誉和业界评价，未来潜在的价值贡献较大。

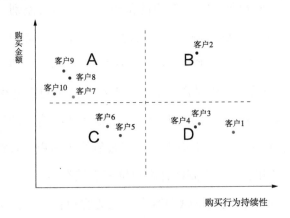

图2.3　客户群体划分矩阵与分布示意图

其次，根据客户的付款能力系数，将客户分为付款能力强和付款能力一般两类，其中，付款能力系数是由企业客户管理部门依据客户付款能力及其潜在风险评估得出的，其数值在0到1之间，其分类标准依旧参考《企业绩效评价标准值2020》，付款能力系数为1是付款能力强的客户，小于1为付款能力一般的客户。

结合上述两方面的客户价值贡献分类，最终可以得到八种客户价值贡献类型群体。因此，客户价值贡献分类基于客户价值贡献进行评价对比分析，数据如表 2.1 所示。

表 2.1　客户过去一年的相关交易脱敏数据

客户	总金额标准化	付款能力系数	标准差标准化	得分
客户 1	0.19	0.99	0.19	0.99
客户 2	1.00	1.00	0.23	4.38
客户 3	0.21	1.00	0.23	0.89
客户 4	0.19	1.00	0.24	0.80
客户 5	0.18	1.00	0.44	0.41
客户 6	0.20	0.93	0.49	0.37
客户 7	0.57	1.00	0.80	0.71
客户 8	0.74	0.96	0.85	0.84
客户 9	0.79	0.92	0.92	0.86
客户 10	0.59	1.00	1.00	0.59

2.3.3　订立销售合同流程设计

1. 制订销售计划

在销售季度预测的基础上，销售部需要做出具体的计划。针对老客户的计划按照每个客户的计划销售数量和计划单价进行填写，而针对新客户的计划则填写整体预估的数量即可。做完销售计划后，系统会将针对老客户的计划销售数量信息通知给生产部，生产部提前安排生产，以便于及时完成老客户的订单。企业销售部门在收到客户的订单，明确了客户的相关产品需求后，订立销售合同业务才正式开始。订立销售合同的业务职责是支撑企业销售计划的实现，完成销售目标，实现销售业绩。

2. 进行库存销售 / 订单销售

不同的企业有着不同的组织生产特点，制造业企业的生产模式可以分为备货型和订货型生产模式两种。其中，备货型生产就是接受库存销售，主要针对的是老客户。它是根据市场行情对市场的需求数据量进行预估，在此基础上再依据计划进行生产，同时准备适量的安全库存，这一过程主要涉及仓储部门。而订货型生产是以销定产，即接受订单销售，主要针对的是新客户。它是根据收到的客户订单需求信息安排生产计划的，这一过程则更多涉及生产部门。而在实际的企业运作层面，更多的是将两者综合起来运用。

因此，本节明确由销售部门、信用部门、仓储部门、生产部门以及客户共同负责订立销售合同业务的账本维护。销售部门在收到客户订单后不再依次按照销售人员、销售主管、信用部门等顺序层层审批，而是以各个部门同时针对每笔业务信息中涉及的本部门的内容进行审批，其他信息以默认同意的方式进行背书确认。上述内容同步进行，具体如下：

（1）销售部门在收到客户的订单信息后，发起订立销售合同的请求，将订立销售合同交易提案发送给信用部门、仓储部门、生产部门以及客户。其中，订立销售合同的交易提案内容包括客户信息，订购产品名称、规格型号、单价、数量、金额，货款结算方式，最晚交货日期，违约责任等内容。销售部门作为该业务的发起者对订立销售合同信息的所有内容全部背书同意。

（2）信用部门以收集的客户所在行业征信信息、往来账目情况、企业信用制度以及罚则规定为标准，对客户的货款结算方式、信用进行审核，审批通过则同意背书，其他信息默认同意。

（3）仓储部门以当前产品库存量，其他订单已接受的数量，结合生产部门的供货量信息综合做出判断，审批通过则同意背书，其他信息默认同意。

（4）生产部门根据自身的生产计划以及自身的生产能力，进行审核确认，审批通过则同意背书，其他信息默认同意。

（5）客户是对自身提交的订单信息进行审核确认，审批通过则同意背书，其他信息默认同意。

全部同意后将订立销售合同初始化信息写入区块链账本。订立销售合同流程如图 2.4 所示。

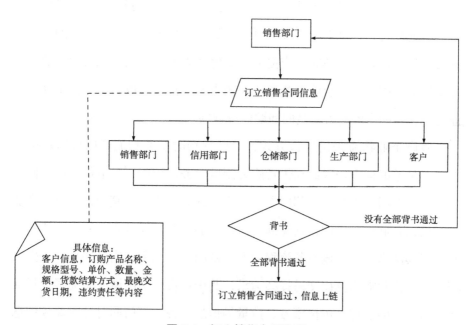

图 2.4 订立销售合同流程

如果发生销售撤销，销售部门在确定客户销售撤销后发起撤销请求，将撤销信息发送给信用部门、仓储部门、生产部门以及客户。销售部门作为业务发起者对撤销信息的所有内容全部背书通过；信用部门对撤销原因进行记录审核，审批通过则同意背书，其他信息默认同意；仓储部门对撤销信息中的产品数量、规格是否与之前订单时的信息一致进行审批，审批通过则同意背书，其他信息默认同意；生产部门对撤销信息中的产品数量、规格是否与之前订单时的信息一致进行审批，审批通过则同意背书，其他信息默认同意；客户对自身所撤销的订单具体信息进行审批确认，审批通过则同意背书，其他信息默认同意。全部同意后将撤销信息写入区块链账本。

2.3.4 供货能力测试流程设计

供货能力测试业务的职责是实现动态监测,利用智能合约自动进行供货能力测试的信息反馈确认,确保企业到期可按照合同约定正常发货,按时顺利地将货物运抵客户,降低供货事故的发生率。特别要注意的是在遇到重要的大额客户订单时,应提前一个生产周期发起供货能力测试的交易提案请求。因此,供货能力测试流程相当于虚拟的产成品出库,是针对企业可能存在的出库能力不足的问题而设计的。

假设企业物流采用外包方式,发运货物时企业物流部门可以从市场上取得足够的运力。因此在供货能力测试业务流程中,本节仅考虑仓储部门、销售部门,以及生产部门参与该业务的账本维护。其中,企业的产品是存放在仓储部门中的,仓储部门对供货能力测试业务负有主要责任。因此,将仓储部门作为该业务流程的发起部门,仓储部门向销售部门、生产部门发起供货能力测试交易提案请求,其中供货能力测试交易提案包括准备发运货物的名称、规格型号、数量等信息。各个部门同时针对业务信息中涉及本部门的内容进行审批,其他信息以默认同意的方式进行确认

在区块链系统中,如果相关参与方之间在就某项事项达成一致意见时,可以采用数字化的方式来实现的话,那么该事项的达成过程就可以通过智能合约来实现。因此在供货能力测试流程中,仓储部门可以以销售部门、生产部门的信息为依据,利用智能合约自动对未来某一时点订单的交货能力保障程度进行测试,并将结果反馈给应用程序并写入区块链账本。供货能力测试流程设计如图 2.5 所示。

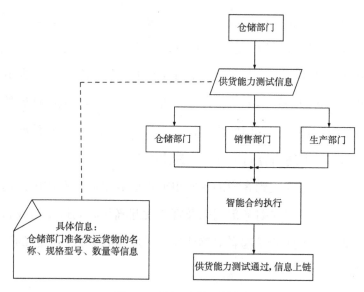

图 2.5　供货能力测试流程

如果发生销售撤销，仓储部门应及时发起撤销该笔订单的定期供货能力测试请求。而对于真实的产成品出库，则应该是企业在接到销售部发货通知后，仓储部在这个流程进行产成品出库处理，填写产成品出库单，并在此进行出库通知处理。

2.3.5　确认履约进度与收款权利流程设计

在完成供货能力测试后，企业物流部门会按照销售合同中约定的送货日期，将一定的数量、规格、价格等产品送达客户处，完成发货任务，即实际发货完成。根据新收入准则的规定，企业只有在将合同中的履约义务履行完毕，也就是说客户对相关商品的控制权取得时确认收入。因此，企业在完成发货任务后，销售部门在取得客户的签收单或验收单后，就完成了控制权的转移，履约进度完成，此时企业财务部门应当对履约进度进行确认，同时确认相应的收款权利，结转相应的成本。在该环节中，业务在完成流转的过程中，财务同时完成了收款权利的确认，将财务管理应用到了业务运行环节。而在收到仓储部订单发货成功的通知后，销售部可以在此流程填写通知收款单。针对有现金折扣条件的客户，销售部也可在此流程对客户享受的现金折扣信息进行提示，以便尽早收回货款。

因此在确认履约进度与收款权利业务流程中，销售部门、财务部门以及客户共同负责业务账本的维护。各个部门同时针对每笔确认履约进度与收款权利信息中涉及本部门的内容进行审批，其他信息以默认同意的方式进行背书确认。上述内容同步进行，具体如下：

（1）销售部门在收到客户的签收单或者验收单后，形成确认履约进度与收款权利，应及时向财务部门以及客户发起确认履约进度与收款权利请求。销售部门作为业务发起者对确认履约进度与收款权利信息的所有内容全部背书通过。

（2）财务部门依据签收单事实和销售合同协议，明确相应的履约进度与收款权利，同时对销售部门的履约进度进行核实确认，是否符合合约中的履约条款，审批通过则同意背书，其他信息默认同意。

（3）客户以实际收到的货物信息进行审批，审批通过则同意背书，其他信息默认同意。

全部同意后将确认履约进度与收款权利初始化信息写入区块链账本。确认履约进度与收款权利流程设计如图 2.6 所示。

如果发生退货，销售部门应及时发起退款请求，将退款请求发送给财务部门和客户。销售部门作为业务发起者，对退款信息的所有内容全部背书通过；财务部门对退款金额进行审批，审批通过则同意背书，其他信息默认同意；客户以自身实际申请退货信息为依据进行审批，审批通过则同意背书，其他信息默认同意。全部同意后将退货退款信息写入区块链账本。

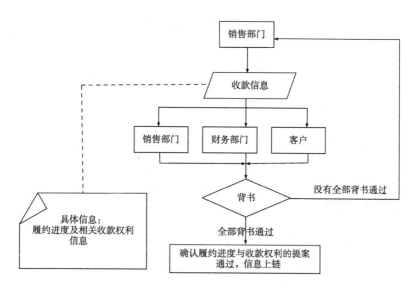

图 2.6　确认履约进度与收款权利流程设计

2.4　业务与共识参数设计

2.4.1　业务与共识数据参数设计总述

在业财融合的背景下，基于 2.3 的业务流程设计，为了借助区块链技术对企业销售环节的价值链管理进行资源优化配置，简化销售业务流程，需要对各个业务环节的数据参数信息进行设计。

销售环节的区块链与业财融合的设计包括了四个业务参数设计，分别为：订立销售合同数据参数设计、供货能力测试数据参数设计、确认履约进度与收款权利数据参数设计以及组织数据参数设计。在每一项作业的业务与共识数据参数设计中，都要体现出编号、时间戳和各项具体信息，数据参数设计具体如表 2.2 所示。

表 2.2　销售环节业务参数明细

类别	业务类型及组织	订立销售合同	供货能力测试	确认履约进度与收款权利	组织
业务基本信息	本业务 ID	√	√	√	√
	对应业务 ID	√	√	√	
	本业务时间戳	√	√	√	√
组织基本信息	运输方名称		√		
	运输方 ID		√		
	部门组织名称				√
	部门组织域名				√
	部门组织状态				√
	备注				√
业务属性信息	业务状态（业务是否完成）	√		√	
	收款方式	√			
	最晚收款时间	√			
	相关业务的备注信息	√	√	√	
	销售产品 ID	√	√	√	
	销售产品名称	√	√	√	
	销售产品计量单位	√	√	√	
	销售产品规格	√	√	√	
	销售产品数量	√	√	√	
	客户名称	√	√	√	
	客户 ID	√	√	√	
	销售产品单价、总价	√		√	
	销售产品品质		√		
	运费		√		
	销售产品状态		√		
	确认履约进度与收款权利类型			√	

2.4.2　订立销售合同数据参数设计

订立销售合同业务的数据信息中，除了要体现出本业务对应的订立销售合同编号、时间戳各项具体信息，还要包含对应的供货能力测试业务编号和确认履约进度与收款权利业务编号，这样可以使得有关联性的各项业务彼此能够根据编号查询到对应的信息。

因此，订立销售合同业务数据中涵盖的本业务的数据信息包括了本业务的编号，即订立销售合同业务 ID；本业务的时间戳，即订立销售合同信息的创建时间、修改时间；本业务的各项属性信息，即订立销售合同状态、收款方式、最晚收款时间、订立销售合同备注、销售产品 ID、销售产品名称、销售产品计量单位、销售产品规格、销售产品数量、销售产品单价、总价、客户名称、客户 ID 及其他属性信息等。

此外，由于订立销售合同业务之后需要进行供货能力测试以及确认履约进度与收款权利，因此它的数据中还需要体现出其他两项业务的编号，即对应的供货能力测试业务 ID，对应的确认履约进度与收款权利业务 ID。

2.4.3　供货能力测试数据参数设计

供货能力测试业务的数据信息除了要体现出本业务对应的供货能力测试编号、时间戳各项具体信息，还要包含对应的订立销售合同业务编号和确认履约进度与收款权利业务编号，这样可以使得有关联性的各项业务彼此能够根据编号查询到对应的信息。

因此，供货能力测试业务数据中涵盖的本业务的数据信息包括了本业务的编号，即供货能力测试业务 ID；本业务的时间戳，即供货能力测试创建时间、修改时间；本业务的各项属性信息，即销售产品 ID、销售产品名称、销售产品单位、销售产品数量、销售产品规格、销售产品品质、客户名称、客户 ID、运输方名称、运输方 ID、运费、销售产品状态、供货能力测试备注以及其他属性信息等。

此外，由于进行供货能力测试之前需要订立销售合同，在这之后需要确认履约进度与收款权利，因此它的数据中还需要体现出其他两项业务的编号，即对应的订立销售合同业务 ID，对应的确认履约进度与收款权利业务 ID。

2.4.4 确认履约进度与收款权利数据参数设计

确认履约进度与收款权利业务的数据信息，除了要体现出本业务对应的确认履约进度与收款权利编号、时间戳和确认履约进度与收款权利信息，还要包含对应的订立销售合同业务编号和供货能力测试业务编号，这样可以使得有关联性的各项业务彼此能够根据编号查询到对应的信息。

因此，确认履约进度与收款权利业务数据中涵盖的本业务的数据信息包括了本业务的编号，即确认履约进度与收款权利业务 ID；本业务的时间戳，即确认履约进度与收款权利业务创建时间、修改时间；本业务的各项属性信息，即确认履约进度与收款权利状态、类型、备注、销售产品 ID、名称、销售产品单位、规格、数量、单价、总价、客户名称、客户 ID 以及其他属性信息等。

此外，由于在进行确认履约进度与收款权利业务之前需要订立销售合同与进行供货能力测试，因此它的数据中还需要体现出之前两项业务的编号，即对应的订立销售合同业务 ID，对应的供货能力测试业务 ID。

2.4.5 组织数据参数设计

组织的数据信息是组织的各项基本信息，主要用来识别和维护各个组织。

组织的数据信息主要包括：相关部门组织所参与业务的编号，即部门组织 ID；本业务的时间戳，即部门组织创建时间、修改时间；相关部门组织所参与业务的属性信息，即部门组织名称、域名、部门组织状态（是否设置完成并处于正常运营状态）、备注以及组织其他属性信息等。

此外，由于组织数据信息不具有与其他业务相关的关联性，因此它的数据中不需要体现出其他三项业务的编号。

2.5　共识方案设计

2.5.1　订立销售合同共识

1. 共识条件设计

订立销售合同的共识条件包括制定销售计划、接受库存销售 / 接受订单销售的共识条件。

具体来说，在制订销售计划流程中，销售部需要判断计划销售的产品名称、数量、型号是否符合销售预测；生产部需要判断生产能力是否满足销售计划的需求；财务部需要判断销售计划是否符合资金安排。

在接受库存销售流程中，销售部需要判断客户信息、产品信息是否符合要求，以及能否按时完成交货；仓储部需要判断库存数量是否满足销售产品数量；财务部需要判断合同相关信息是否符合规定；客户需要判断合同相关信息是否符合规定；运输方需要判断是否可以按时完成商品交付，以及运费信息是否符合要求。

在接受订单销售流程中，销售部需要判断客户相关信息是否符合客户信用管理制度、产品信息要求是否符合销售制度、自身是否能够按时完成交货以及销售订单累计数量是否未超过销售计划数量；财务部需要判断合同相关信息是否符合规定；客户需要判断合同相关信息是否符合规定；运输方需要判断是否可以按时完成商品交付以及运费信息是否符合要求。

2.共识机制设计

在全共识机制中，订立销售合同信息中的订立销售合同初始化信息、订立销售合同变更信息、订立销售合同完成信息、订立销售合同撤销信息都需要经过所有背书节点的背书通过才可以写入区块链账本中。如图 2.7 所示，共识机制设计主要包括以下几步：

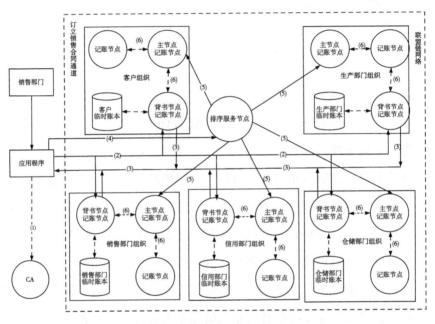

图 2.7　订立销售合同上链流程

（1）CA 认证是用户进入区块链系统的必要条件。销售部门接受客户的订单信息后，销售部门人员登录应用程序，首先由 CA 对此次登录进行成员管理认证，确保此次登录是由该通道内的组织操作的，保证安全性和可靠性。在身份认证通过后，销售部门人员使用应用程序构造与客户订立销售合同的交易提案。

（2）应用程序向通道内的销售部门组织背书节点、信用部门组织背书节点、仓储部门组织背书节点、生产部门组织节点以及客户节点提交交易提案请求，请求上述背书节点对订立销售合同的交易提案进行背书。其中，各个组织的背书节点仅针对每笔业务信息中涉及本部门的内容进行审批，其他信息以默认同意的方式进行背书。

（3）销售部门背书节点首先对自身提交的订立销售合同的提案格式进行验证；审查交易是否存在之前提交过的情况；确认应用程序的签名是否是有效的。销售部门作为该业务的发起者对订立销售合同信息的所有内容全部背书同意，并进行签名反馈给应用程序。信用部门背书节点、仓储部门背书节点、生产部门背书节点以及客户背书节点首先同样要对收到的订立销售合同交易提案请求进行上述验证，包括交易提案格式是否正确；审查交易是否存在之前提交过的情况，目的是防止重复性攻击；确认应用程序的签名是否是有效的以及提交交易提案的参与方是否在当前通道上拥有一定的执行权限。同时，信用部门背书节点、仓储部门背书节点、生产部门背书节点以及客户背书节点将收到的订立销售合同交易提案信息与各自的临时账本中的数据进行比对，据此模拟执行业务逻辑，其他信息默认同意，并对其进行签名反馈给应用程序。

（4）应用程序将该项订立销售合同的交易提交至 Orderer 节点（排序服务节点），Orderer 节点根据各个通道上交易的接收时间顺序对订立销售合同这项交易信息进行排序，生成区块。根据全共识策略，应用程序接收到所有的背书节点签名后，应当确保各个组织的背书节点响应结果与构造的订立销售合同交易提案请求内容一致，即满足背书策略，应用程序才可调用客户端生成订立销售合同的交易，广播给排序服务节点；否则为无效交易，需要应用程序再次发起订立销售合同的交易提案请求，待应用程序收集到的各个背书节点的响应结果与应用程序构造的交易提案请求信息二者完全一致时，才满足背书策略，封装交易。

（5）Orderer 节点生成区块后，通过相关数据传输协议将该项订立销售合同的区块信息广播给该通道内各个组织中的主节点。主节点在接收到区块之后进行最终验证；若没有通过主节点的验证，此次交易信息不会被记入账本。

（6）由各个组织中的主节点通过数据传输协议同步将信息广播给相应组织内部其他节点，最终完成订立销售合同交易信息的上链。在发生销售撤销时，具体上链流程与前述过程相同，在此不做过多的赘述。

2.5.2 供货能力测试智能合约共识

1. 共识条件设计

供货能力测试智能合约的共识条件涉及销售部、仓储部、财务部、客户以及运输方等多个方面，它们各自独立进行条件判断。

（1）销售部需要判断发出的产成品是否符合合同要求；具体判断条件如表2.3所示。

表2.3　基于销售合同信息的供货能力测试共识条件判断明细

发货单	销售合同信息	判断条件	共识结果
产成品名称	产成品名称	相同	
型号	型号	相同	通过
出库单实际出库数量	销售合同数量	等于	

（2）仓储部需要判断发货单内容与实际发货产品是否一致，以及库存数量是否满足需求，具体判断条件如表2.4所示。

表2.4　基于库存信息的供货能力测试共识条件判断明细

发货单	库存信息	判断条件	共识结果
实际出库数量	对应产品的库存数量	小于或等于	通过

（3）财务部需要判断销售发票、运输发票内容与销售合同是否一致，具体判断条件如表2.5所示。

表 2.5　基于发票内容的供货能力测试共识条件判断明细

发票内容	判断条件	共识结果
货物劳务品名		
数量		
金额	与销售合同一致	通过
税率		
税额		

（4）客户需要判断到货产品是否符合合同要求，具体判断条件如表2.6所示。

表 2.6　基于到货产品信息的供货能力测试共识条件判断明细

到货产品信息	判断条件	共识结果
产品名称		
型号		
数量	与销售合同一致	通过
到货时间		
质量		

（5）运输方需要判断运输安排是否符合实际供货需求，具体判断条件如表 2.7 所示。

表 2.7　基于运输安排的供货能力测试共识条件判断明细

运输安排	判断条件	共识结果
运输车辆		
运输人员	符合实际供货需求	通过
运输时间		

2. 共识机制设计

依据前文所述，在区块链系统中，若相关各方能够就某一特定事项达成共识，并适宜采用数字化手段予以实施，则该事项的协议达成流程可通过智能合约机制来加以实现。

因此本书借助 Hyperledger Fabric 平台将供货能力测试在区块链上以智能合约的方式进行实现，将该项业务的逻辑编写成形式规范、条理明确的数字化协议，并将其部署在区块链系统中进行运行。该项智能合约的业务逻辑为：仓储部门作为该业务流程的发起部门，综合本部门当前时刻的仓储量信息、生产部门在未来某一时点订单交货前的生产能力信息以及销售部门在未来某一时点订单交货前的其他订单交货量，自动对未来某一时点订单的交货能力保障程度进行测试。具体判断依据参考以下公式：

未来某一时点订单的交货能力保障程度 =（当前时刻库存量 + 未来某一时点订单交货前的生产能力 – 未来某一时点订单交货前的其他订单交货量）/ 未来某一时点订单交货量

当上述结果大于或等于 1 时，表明企业的供货能力充足；当上述结果小于 1 时，表明企业供货能力存在不足，此时企业的生产部门应加快生产进度或者从外部进行产品的调配，保障客户产品数量的正常供应。具体有关智能合约的执行过程如图 2.8 所示。

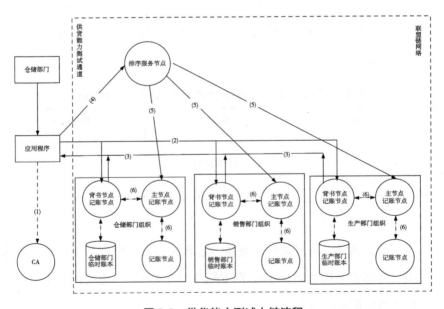

图 2.8 供货能力测试上链流程

从业财融合的角度出发，该项业务的设计借助了新技术手段，对仓储部门原有的确保供货能力的传统业务流程进行了优化。自动化执行操作，不需要人工的干预，大大降低了参与成本，同时也能够大大提升企业创造价值的能力。此外，如果发生销售撤销，仓储部门应及时发起撤销该笔订单的定期供货能力测试请求，具体上链流程与前述过程相同，在此不做过多的赘述。

2.5.3　确认履约进度与收款权利共识

1. 共识条件设计

确认履约进度与收款权利的共识条件包括财务部和客户分别进行条件判断，具体的共识条件判断如下：

（1）财务部需要判断实际收款信息与销售合同收款信息是否一致，具体判断条件如表 2.8 所示。

表 2.8　基于实际收款信息的确认履约进度与收款权利共识条件判断明细

实际收款信息	判断条件	共识结果
实际收款金额		
现金折扣金额	与销售合同收款信息一致	通过
收款日期		
结算方式		

（2）客户需要判断实际付款信息与合同付款信息是否一致，具体判断条件如表 2.9 所示。

表2.9　基于实际付款信息的确认履约进度与收款权利共识条件判断明细

实际付款信息	判断条件	共识结果
实际付款金额	与销售合同付款信息一致	通过
现金折扣金额		
付款日期		
结算方式		

2. 共识机制设计

在全共识机制中，确认履约进度与收款权利的初始化信息、变更信息、完成信息以及撤销信息都需要经过所有背书节点的背书通过才可以写入区块链账本中。同时财务部门在对确认履约进度与收款权利交易提案请求验证通过后，应立即调用账务管理平台，在私有链平台上对该笔业务自动同步进行账务处理，包括对相关履约进度完成进行确认，即确认相关收入，同时结转相关成本。确认履约进度与收款权利的共识机制设计如下所示：

（1）在区块链背景下，财务部门应当在取得销售部门传来的客户签收单或者验收单后，登录应用程序。首先由CA对此次登录进行成员管理认证，以确保其安全性和可靠性。在身份认证通过后，财务部门人员利用应用程序构造确认履约进度与收款权利的交易提案。

（2）应用程序向通道内的销售部门组织背书节点、财务部门组织背书节点以及客户背书节点提交交易提案请求，请求上述节点对确认履约进度与收款权利的交易提案进行背书。其中，各个组织的背书节点仅针对每笔业务信息中涉及本部门的内容进行审批，其他信息以默认同意的方式进行背书。

（3）销售部门背书节点首先对提交的确认履约进度与收款权利提案格式进行验证；审查交易是否存在之前提交过的情况；确认应用程序的签名是否是有效的。财务背书节点、客户背书节点也要对上述信息进行验证，包括交易提案格式是否正确；审查交易是否存在之前提交过的情况，目的是防止重复性攻击；确认应用程序的签名是否是有效的以及提交交易提案的参与方是否在当前通道上拥有一定的执行权限。同时将收到的确认履约进度与收款权利的交易提案信息与各自的临时账本中的数据进行比对，据此模拟执行业务逻辑，其他信息默认同意，并对其进行签名反馈给应用程序。

（4）应用程序将该项确认履约进度与收款权利的交易提交至 Orderer 节点，Orderer 节点根据各个通道上交易的接收时间顺序对确认履约进度与收款权利这项交易信息进行排序，生成区块。根据全共识策略，应用程序在接收到所有的背书节点签名后，应当根据背书签名确保各个组织的背书节点响应结果与构造的确认履约进度与收款权利交易提案请求内容一致，即满足背书策略，应用程序才可调用客户端生成确认履约进度与收款权利的交易，广播给 Orderer 节点，否则为无效交易，需要应用程序再次发起确认履约进度与收款权利的交易提案请求，待应用程序收集到的各个背书节点的响应结果与应用程序构造的交易提案请求信息二者完全一致时，才满足背书策略，封装交易。

（5）Orderer 节点生成区块后，通过相关数据传输协议将该项确认履约进度与收款权利的区块信息广播给该通道内各个组织中的主节点。主节点在接收到区块之后进行最终验证，若主节点验证通过，即保存区块，并记入账本；若没有通过主节点的验证，此次交易信息不会被记入账本。

（6）由各个组织中的主节点通过数据传输协议同步将信息广播给相应组织内部其他节点。最终完成确认履约进度与收款权利交易信息的上链。详细流程如图 2.9 所示。此外，在发生销售退货时，具体上链流程与前述过程相同，在此不做过多的赘述。

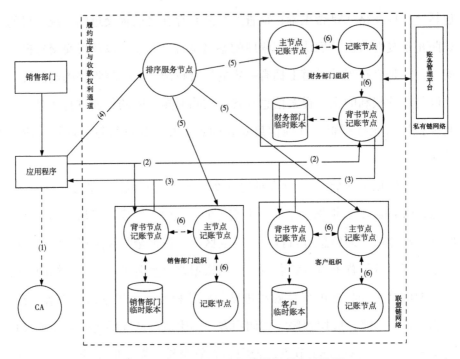

图 2.9 确认履约进度与收款权利上链流程

第 3 章　生产环节共识机制

3.1 企业生产环节业财融合管理需求分析

3.1.1 企业生产环节现状分析

企业内部价值链分析是将企业内部各个作业看作企业各业务流程中的一个环节，即从产品设计、原料采购、生产加工，直至产品销售发运的全过程。生产环节属于内部价值链管理中的一部分，所以本章进行生产环节价值链管理分析。

图 3.1 为完整的生产环节流程图，本章按照计划和安排生产、领料、验收入库、发出产品这四个业务活动进行价值链管理方案的设计，通过实施对计划和安排生产、领料、验收入库、发出产品这四项作业的管理进行作业分析，以此来优化企业的生产环节价值链管理。

1. 计划与安排生产

在企业生产环节业务流程中，第一个作业是计划与安排生产。计划与安排生产这一作业主要是制定生产计划并安排生产的过程，包括如何生产产品、生产什么产品、生产多少产品以及生产地点、时间等信息。所以，它的价值体现在生产计划制定的适当性，即生产是否可以满足销售需求，生产过程中的所有安排是否可以合理达到生产的目的。该作业是企业生产环节价值创造的起点。

2. 领料

第二个作业是领料，领料这一作业主要是具体的领料过程。它的价值体现在领料的内容，领料的成果，即根据生产计划等在一定时间内领取一定数量、质量且成本控制合理的原材料。因为领料的成果直接影响产品成本的高低，所以该作业是企业生产环节价值实现的重要一环。

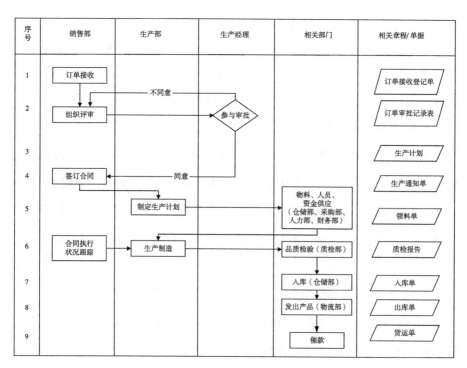

图 3.1　生产环节流程

3. 验收入库

第三个作业是验收入库，验收入库这一作业主要是产品完工检测进入成品库的过程。它的价值体现在质检水平的高低，即在一定时间内验收一定数量、质量、成本控制合理且核算清晰的产成品。该作业是企业生产环节价值成果体现的一环，若质检把控不严格，在后期出现过多的残次品，则会导致客户索赔、公司信用损失，从而会直接影响企业的价值提升。

4. 发出产品

第四个作业是发出产品，发出产品这一作业主要是销售环节供货能力测试（即预发货）之后的实际发货环节。它的价值体现在基于真实交易的物流流转情况。该作业是企业生产环节价值转化的一环，即从实物资产转化为货币。

3.1.2 企业生产环节问题识别

本章结合大多数制造业企业生产活动的现状，从上述四个环节入手，重点分析目前制造业企业在生产环节出现的一些问题，具体如下：

1. 价值最大化问题

对于一个企业而言，其生产经营的最终目标就是实现企业价值的最大化。然而对于企业整个生产环节而言，生产部门的价值主要体现在成本控制上，质检部门的价值则主要体现在确保质检规范性和合理性。但每个部门都仅仅是在独立实现自身价值的最大化，这样可能很难做到企业整体的价值最大化。

2. 信息不对称问题

由于以往业务与财务之间的隔阂以及业务与业务之间的分离使得我们在获取信息时往往存在一定的滞后性，由此会造成信息不对称、不完整等问题，从而降低生产作业的效率，导致后续作出不合理的业务决策。

3.1.3 企业生产环节业财融合管理需求

1. 效率提升需求

业财融合期望做到企业内部各部门之间信息及时共享进而减少信息传递成本、节约时间、提升业务推进效率。实际上在生产各个环节中会存在大量部门之间的前后层层审批，但其实各个参与部门之间是具有紧密协同并行关系的，因此企业内部严格的等级审批模式导致的串联式的审批流程将会比较繁琐，会极大地降低企业内部业务执行效率。

比如，在计划与安排生产作业中，生产计划需要生产部、仓储部门、采购部、销售部等各方部门提供信息参考，按照原有顺序进行信息校验和审核的过程可能较为冗长。采购部等部门由于处于审批顺序靠后的位置所以相对比较被动，无法及时接收到生产计划信息，这样可能出现原材料不到位进而导致生产执行延迟、销售合同未能按期履行的状况，由此造成失信于客户甚至客户流失等问题；同样对于销售部而言，及时了解生产计划的制订及执行情况也可以对自身销售计划进行及时的调整，进而满足市场的需求。

对于生产环节的其他作业而言，同样存在这样信息滞后或者信息不对称等情况，若是引入区块链技术则会相对避免上述情况的发生。因为各个作业达成共识时涉及该作业的参与各方共同维护一套账本，各方是相互协同的关系，即参与各方可以实时地了解其他参与方的反馈信息，进而实时地作出自己的意思表示或者调整自身的不足来达成共识，而且记录在账本里的交易信息都需经过参与各方的背书确认而不会出现以往的中心方强势反映的情况。这一变化将之前按照职权前后顺序审核的方式变为参与各方协同做出响应进而达成共识，使得相关处理更加便捷，尤其在大量交易同时进行时，这种便捷与高效表现得更加明显。

2. 信息完整性需求

业财融合期望做到企业内部产生的信息能够被完整保存，切实地解决以往业务推进过程中获取的信息不完整的情况出现。在企业生产环节包含一系列的作业，涉及不同的部门，每一个作业环节都会产生大量的单据，如生产通知单、出库单，等等。各种单据包括计划生产信息、领料信息、仓库信息、物流信息以及相关销售、采购合同等。保证交易信息完整性是企业维护交易安全、保障本企业合法权益的重要职责。

由于区块链技术中每一分布式节点都相当于拥有一个区块链账本的副本，其他任何一部分的随意删减都不会影响数据的完整性，使得全部信息得以完整的保存，有效地保障了信息的完整性。

3. 信息可靠性需求

业财融合期望做到企业内部产生的信息是可靠的，相关人员可以放心使用。实际上关于可靠性的要求，会计信息质量需要企业可以如实反映符合确认和计量要求的会计要素及其他相关信息。

生产的各个环节经达成共识后信息上链，即将携带时间戳的交易信息计入区块链账本，任一方若想单独更改信息都是不可能实现的。在传统中心化网络系统中，由于中心节点的存在，使得黑客可以轻易地摧毁整个网络，而在去中心化的区块链网络中，因为无中心节点可攻击所以相关信息是不可篡改的，而且点对点的直接交互也使得我们消除了对信息泄露的担忧。同时交易信息对交易各个参与方公开透明、可查询，保证了其所接触到的信息都是真实可靠的。

比如，在验收入库作业中容易出现未经授权发出原材料等情况，仓储部门一旦发料，不仅会造成公司当前实际财产的损失，而且由于采购一般是按正常用量加上估计的返修或报废量来定购材料，所以后续一旦由于上述原因导致企业原材料库存不足，等到实际用料时还需要再向供应商要货，但供应商的货一样有交货期限，不可能马上就到，因此会引起企业相关成本的增加。再者在发运环节可能存在物流部门与仓储部门勾结，基于一些虚假的销售行为进行产品出库，实际上产品出库后可能被私吞侵占。所以，如果可以让仓储部门、物流部门、客户等协同对产品发货出库这一作业进行控制，则会大大减少舞弊串通、侵占资产的行为，并且这也保证了财务部门进行后续的成本结转时是基于真实的交易行为，保证财务信息的真实可靠。

4. 信息可追溯性需求

业财融合旨在实现企业将价值链上产生的所有信息进行整合（不仅是企业内部价值链的信息，还包括企业与上下游之间的信息），这样在日后进行系统分析及问题追责时可以清晰地定位到相关信息所涉及的相关环节及相关主体，即满足信息的可追溯性需求。而信息的可追溯是指作业参与各方能够对对应作业信息进行随时随地追溯，不受他人限制地查询和获取。

　　某些产品生产流通过程复杂，容易出现数据造假等，因此会导致消费者利益受到损害以及产品品牌自身信用问题。时间戳使得数据在时间维度具有唯一标记性，同时每一新区块的生成都会复制上一区块的哈希值，全网数据记录环环相扣，使得我们不仅能获得从计划生产、领料、验收入库、发货等环节的监管记录，还可以实现产品从源头（即原材料的采购）到消费者（即销售发货、退货换货等）的全程溯源，从而保证在发生重大的产品质量、数量等问题时，能快速定位出错环节，明确责任主体，查明问题原因。

3.2　共识参与方设计

3.2.1　生产参与各方职能总述

　　生产环节是企业管理的一项重要职能，是确保企业经营目标，正确决策的保障，与企业的技术开发与经营管理相互协调。具体而言，生产环节的主要职能有：第一，制订出合理的生产计划。准确控制生产进度，协调紧急加单情况，保证生产数量及质量。第二，合理掌管库存情况。对原材料和产成品的库存进行管理，关注安全库存信息，及时发出库存补给通知，保证生产物料的需要。第三，严格把关质检认证。对采购的原材料以及车间生产的产成品进行质量检测，对执行的质量体系认证进行管理。

　　除了上述生产环节总体职能，还需要明白各个组织结构及其应该具有的功能。生产环节的共识机制中需要配置相关组织，这些组织有在区块链网络里完成各种功能的节点，比如背书节点、确认节点、主节点，等等。在正式使用时，这些节点共同承担对区块链账本的维护工作。

　　在企业生产环节中，一批产成品的生成与流转从开始计划与安排生产、领取原材料、验收入库到最后的销售发出均由多个部门协同完成，具体涉及生产部、仓储部、销售部、质检部、物流部、采购部以及外部的客户。所以依据此设置九个交易组织：生产部组织、仓储部组织、销售部组织、质检部组织、物流部组织、采购部组织、财务部组织、人力部组织以及客户组织。每个组织都包含了三大功能，分别为：业务功能、背书功能和记账功能。业务功能是对相关业务进行发起、查询的功能；背书功能是将各业务的具体信息进行背书确认，即某个主体对其发起的业务首先要进行背书，而后等待其他协同各方背书确认，待相关主体全部背书确认后，业财融合共识得以达成；记账功能则是对业务相关信息进行真实完整的记录。下面，将分别对这九个参与组织及其具体的三大功能进行介绍。

3.2.2 生产部组织功能设计

生产部组织负责维护计划与安排生产作业、领料作业、验收入库作业的相关交易的账本。其需要完成制订生产计划并安排生产、领取原材料、协助产成品验收入库的任务，即对相关信息进行背书并记录到账本中。

生产部组织的功能如下：

1. 业务功能

（1）发起计划与安排生产业务。依据生产计划向仓储部、销售部以及采购部发起计划与安排生产的业务。

（2）发起领料业务。依据领料单与仓储部对领取原材料的种类、数量等进行核验，并依据核验结果发起领料业务。

（3）查询业务。依据每笔业务的业务编号或关键字来查询相关业务的所有信息。

2. 背书功能

生产部门能够对计划与安排生产业务、领料业务和验收入库业务的各自交易提案信息进行背书确认。

3. 记账功能

生产部门能够真实完整地记录计划与安排生产业务、领料业务、验收入库业务的发起信息、完成信息和失败信息。

3.2.3 仓储部组织功能设计

仓储部组织是负责维护计划与安排生产、领料、验收入库、发出产品的相关交易账本的组织。其需要完成协助生产计划的制定、核对并完成领料部门的领料需求、检验准备入库产成品、协助产品发货等任务，对相关信息进行背书并记录到账本中。

仓储部组织的功能如下：

1. 业务功能

（1）发起验收入库业务。产品完工后与生产部和质检部对产成品的质量和数量进行检验，并依据检验结果发起验收入库业务。

（2）发起发出产品业务。依据销售合同进行产品的出库发运，并发起发出产品业务。

（3）查询业务。依据每笔业务的业务编号或关键字能够查询到相关业务的所有信息。

2. 背书功能

仓储部门能够对计划与安排生产业务、领料业务、验收入库业务和发出产品业务的各自交易提案信息进行背书确认。

3. 记账功能

仓储部门能够真实完整地记录计划与安排生产业务、领料业务、验收入库业务和发出产品业务的发起信息、完成信息和失败信息。

3.2.4 销售部组织功能设计

销售部组织是负责维护计划与安排生产、发出产品的相关交易账本的组织。其中，销售部整体需要协助生产计划的制定，销售部中的客服需要核对发出产品的种类、数量、跟踪物流、接收客户反馈等任务，对相关信息进行背书并记录到账本中。

销售部组织的功能如下：

1. 业务功能

查询业务：依据每笔业务的业务编号或关键字来查询相关业务的所有信息。

2. 背书功能

销售部门能够对计划与安排生产业务、发出产品业务的各自交易提案信息进行背书确认。

3. 记账功能

销售部门能够真实完整地记录计划与安排生产业务、发出产品业务的发起信息、完成信息和失败信息。

3.2.5 质检部组织功能设计

质检部组织是负责维护验收入库的相关交易账本的组织，需要完成检验完工产品质量等任务，对相关信息进行背书并记录到账本中。

质检部组织的功能如下：

1. 业务功能

查询业务：依据每笔业务的业务编号或关键字来查询相关业务的所有信息。

2. 背书功能

质检部门能够对验收入库业务的交易提案信息进行背书确认。

3. 记账功能

质检部门能够真实完整地记录验收入库业务的发起信息、完成信息和失败信息。

3.2.6 物流部、客户组织功能设计

物流部组织是负责维护发出产品业务的相关交易账本的组织。需要完成依据销售订单等实际发出产品的任务，对相关信息进行背书并记录到账本中。

客户组织是负责维护发出产品业务的相关交易账本的组织。需要完成依据销售合同、物流信息去核验产品信息、物流流转情况的任务，对相关信息进行背书并记录到账本中。

在生产环节模块当中，这两个部门的组织功能具有相似性，其功能都是关于发出产品业务的。因此，本章将这两个参与方的功能进行合并介绍，其具体功能如下：

1. 业务功能

查询业务：依据每笔业务的业务编号或关键字来查询相关业务的所有信息。

2. 背书功能

物流部和客户组织能够对发出产品业务的交易提案信息进行背书确认。

3. 记账功能

物流部和客户组织能够真实完整地记录发出产品业务的发起信息、完成信息和失败信息。

3.2.7 采购、财务、人力部组织功能设计

采购部组织是负责维护计划与安排生产业务的相关交易账本的组织。采购部根据生产计划来及时制定和调整与之配套的采购计划，因制造业企业通常有较长的采购提前期（需要提前预定），所以采购部需要确认该生产计划中所涉及的原材料能否足量采购，能否如期到货，以及相应的采购价格是否合理等问题，对相关信息进行背书并记录到账本中。

财务部组织是负责维护计划与安排生产业务的相关交易账本的组织，对相关信息进行背书并记录到账本中。

人力部组织是负责维护计划与安排生产业务的相关交易账本的组织，对相关信息进行背书并记录到账本中。

值得注意的是，在生产模块当中，以上三个部门的组织功能具有相似性，其功能都是关于计划与安排生产业务的。因此，本章将这三个参与方的功能进行合并介绍。其具体功能如下：

1. 业务功能

查询业务：依据每笔业务的业务编号或关键字来查询相关业务的所有信息。

2. 背书功能

采购部、财务部和人力部能够对计划与安排生产业务的交易提案信息进行背书确认。

3. 记账功能

采购部、财务部和人力部真实完整地记录计划与安排生产业务的发起信息、完成信息和失败信息。

3.3 业务流程设计

3.3.1 生产业务流程总述

在企业生产环节价值链管理中，企业制订生产计划是最关键的环节，它从市场需求与实际生产能力出发，统筹合理安排计划指标，是确保环节顺利开展的起点。领取原材料是保证生产能够产出产品的基础环节。验收入库是企业确保产品数量、把关产品质量的必要环节。产品的顺利发出是生产的最后环节，更是实现产品流入市场的第一环节。

因此，从业财融合的角度出发，将企业价值链中的生产业务流程分为：计划与安排生产环节、领料环节、验收入库环节和发出产品环节。对这四个环节进行业务流程的设计，即明确在各个作业中各个组织应该进行判断的信息。这四个环节的内容环环相扣，形成了一个有机的整体。具体流程设计在 3.3.2—3.3.5 中作介绍。

3.3.2　计划与安排生产环节

生产部始终贯彻以销定产的理念，根据销售部所做出的销售计划或接到的销售订单需求进行生产计划的制订，并将生产计划分解为不同的生产批次，按照生产批次填写生产订单，选择计划安排的生产车间和生产线，同时依照生产订单将生产信息发送至各个部门。

如图 3.2 所示，生产部制订好生产计划后不再依次按照仓储部门、销售部门、采购部门、财务部门、人力部门等的顺序审批，而是以各个部门同时针对该笔业务信息中所涉及本部门的内容进行验证审批，其他信息默认同意的方式进行背书确认。

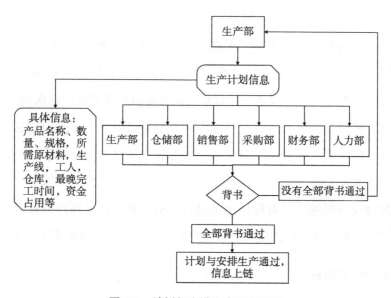

图 3.2　计划与安排生产业务流程

生产部将计划生产信息发送给仓储部门、销售部门、采购部门、财务部门、人力部门，各部门将计划生产初始化信息数据与自身临时账本中的数据进行比对。下述比对内容同步进行，具体比对信息包括：

（1）生产部作为业务发起者对计划生产信息的所有内容全部背书通过。

（2）仓储部对生产计划中对应于所生产产品需要的原材料数量、规格、仓库信息等进行审批，以保证后续生产顺利进行，审批通过则同意背书，其他信息默认同意。

（3）销售部对生产计划中所涉及的生产产品的种类、数量等进行审批，以保证生产部不贸然计划生产，生产种类、数量与实际相符，审批通过则同意背书，其他信息默认同意。

（4）采购部对所涉及的原材料数量、到料时间、采购价格预算等进行审批，审批通过则同意背书，其他信息默认同意。

（5）财务部对生产计划中资金占用、资金支持等进行审批，审批通过则同意背书，其他信息默认同意。

（6）人力部对所涉及的人员配备等进行审批，审批通过则同意背书，其他信息默认同意。全部同意后将计划生产信息写入区块链账本。

如果因为销售订单取消、原材料短缺等原因导致需撤销此次生产计划，则生产部确定撤销计划后，通过客户端发起撤销请求，将撤销信息发送给仓储部、销售部、采购部、财务部、人力部，各方将撤销信息写入临时账本。生产部作为业务发起者对撤销信息的所有内容全部背书通过，其他部门按照自身掌握的信息对撤销请求进行审批，审批通过则同意背书，其他信息默认同意。全部同意后将计划生产撤销信息写入区块链账本。

3.3.3 领料环节

在制订完生产计划之后，生产部发出领料信息并将生产通知单发送给仓储部。仓储部需要对所需原材料的库存情况进行查询核对，如有足够库存则通知生产部进行领料。生产部收到仓储部原材料领料通知后，可以进行领用生产物料的操作。仓储部在接到生产部领料申请后，便可进行原材料出库。

如图 3.3 所示，仓储部在进行原材料发出时不能随意进行，必须按照领料部门的领料单进行原材料的出库。生产部门将领料信息发送给仓储部，仓储部门将领料的初始化信息数据与自身临时账本数据进行比对。下述比对内容同步进行，具体比对信息包括：

（1）生产部作为业务发起者对领料信息的所有内容全部背书通过。

（2）仓储部对领料信息中对应于原材料的数量、种类以及产出产品的数量、种类等进行审批，以保证所领取的原材料与产品是对应的，防止原材料的随意甚至恶意领取等，审批通过则同意背书，其他信息默认同意。全部同意后将领料信息写入区块链账本。

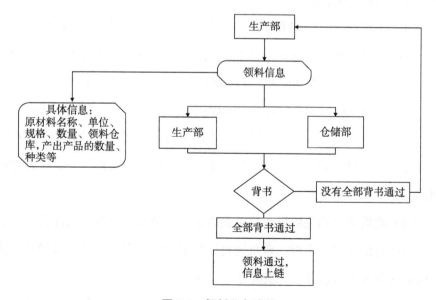

图 3.3　领料业务流程

如果因为原材料库存短缺或生产条件不具备等原因导致此次领料撤销，生产部门确定领料撤销后发起撤销请求，并将撤销信息发送给仓储部，各方将撤销信息写入临时账本。生产部作为业务发起者对领料信息的所有内容全部背书通过，其他部门按照自身掌握的信息对撤销请求进行审批，审批通过则同意背书，其他信息默认同意。全部同意后将领料撤销信息写入区块链账本。

3.3.4 验收入库环节

生产部在完成生产后将产成品送到质检部，由质检部进行产成品的质检。在质检部完成产成品质检后，将质检结果反馈至仓储部。仓储部发出入库信息，并根据质检结果入库合格品，将入库的信息反馈至生产部。

如图 3.4 所示，仓储部将入库信息发送给生产部和质检部，各部门将入库初始化信息数据与自身临时账本数据进行比对。下述比对内容同步进行，具体比对信息包括：

（1）生产部、仓储部和质检部一起对完工产品的各项信息进行检验，各个部门同时针对该笔业务信息中所涉及本部门的内容进行审批，其他信息如无特殊要求则以默认同意的方式进行背书确认。

（2）仓储部作为业务发起者对入库信息的所有内容全部背书通过。

（3）生产部根据实际生产情况（生产进度）对产成品的数量、品种信息进行审批，以保证此次入库产品为本生产车间本批次所生产，审批通过则同意背书，其他信息默认同意。

（4）质检部以相关质量考核条例以及客户要求为标准对入库信息中的产成品质量信息进行审批，审批通过则同意背书，其他信息默认同意。全部同意后将入库信息写入区块链账本。

如果因产成品质量等原因返工导致此次入库失败，仓储部在确定返工后发起入库撤销请求，将入库撤销信息发送给生产部和质检部，各部门将入库撤销信息写入临时账本。仓储部作为业务发起者对入库撤销信息的所有内容全部背书通过，其他部门按照自身掌握的信息对撤销请求进行审批，审批通过则同意背书，其他信息默认同意。全部同意后将入库撤销信息写入区块链账本。

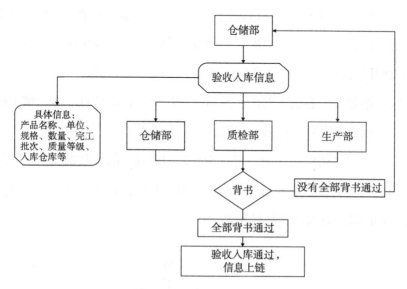

图 3.4　验收入库业务流程

3.3.5　发出产品环节

发出产品环节是销售环节供货能力测试（预发货）之后的实际发货环节。仓储部发起发出产品的信息并根据销售合同安排产品的出库装运。物流部根据仓储部的指令安排发运。销售部负责对产品后续的物流、客户验收情况进行持续地跟踪反馈。客户对物流的流转情况跟踪核验并对收到的产品进行质检验收。

如图 3.5 所示，仓储部将发出产品信息发送给物流部、销售部（客服）和客户，各部门将发出产品初始化信息数据与自身临时账本中的原始数据进行比对。下述比对内容同步进行，具体比对信息包括：

（1）仓储部、物流部、销售部（客服）和客户一起对发出产品的各项信息进行检验，各个部门同时针对该笔业务信息中所涉及本部门的内容进行审批，其他信息如无特殊要求则以默认同意的方式进行背书确认。

（2）仓储部作为业务发起者对发出产品信息的所有内容全部背书通过。

（3）物流部根据实际销售合同对发出的产成品的数量、品种信息以及第三方运输方进行审批，以保证此次发出产品是基于真实销售的发运，审批通过则同意背书，其他信息默认同意。

（4）销售部（客服）对此次发出产品信息、物流信息、客户情况进行审批，审批通过则同意背书，其他信息默认同意。

（5）客户以销售合同的约定对产成品的数量、品种和物流信息对发出产品信息进行审批，审批通过则同意背书，其他信息默认同意。全部同意后将发出产品信息写入区块链账本。

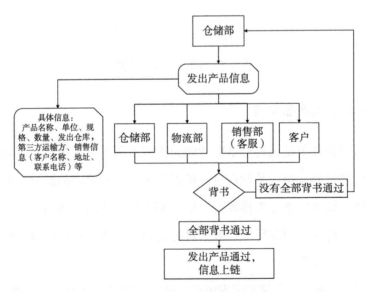

图 3.5　发出产品业务流程

如果因虚假销售或客户临时毁约等原因导致此次发货失败，仓储部在确定发货撤销后发起发货撤销请求，将发货撤销信息发送给物流部、销售部（客服）和客户，各部门将发运撤销信息写入临时账本。仓储部作为业务发起者对发出产品撤销信息的所有内容全部背书通过，其他部门按照自身掌握的信息对撤销请求进行审批，审批通过则同意背书，其他信息默认同意。全部同意后将发出产品撤销信息写入区块链账本。

3.4　业务与共识参数设计

3.4.1　业务与共识数据参数设计总述

针对 3.3 的业务流程设计，本章总结出一些业务数据，即关键流程包含关键信息，而关键信息具体转化为关键参数，这些数据参数将是我们在 3.5 进行共识方案设计时需要进行判断的。具体如下：

对于生产环节区块链与业财融合的设计而言，一共需要包括五个作业的业务参数设计，分别为：计划与安排生产数据参数设计、领料数据参数设计、验收入库数据参数设计、发出产品数据参数设计和组织数据参数设计。在每一项作业的数据参数设计中，都要体现出编号、时间戳和各项具体信息，具体设计如表 3.1 所示。其编号为域名；时间戳为创建时间、修改时间；其他信息为组织名称、组织状态（是否设置完成并处于正常运行的状态）以及其他信息或备注。

表 3.1　生产环节业务参数明细

类别	业务类型及组织	计划与安排生产	领料	验收入库	发出产品	组织
业务基本信息	本业务 ID	√	√	√	√	
	对应业务 ID	√	√	√	√	
	本业务时间戳	√	√	√	√	
组织基本信息	运输方名称、ID				√	
	创建、修改时间					√

类别	业务类型及组织	计划与安排生产	领料	验收入库	发出产品	组织
组织基本信息	域名					√
	组织名称					√
	组织状态					√
	其他信息备注					√
业务属性信息	产品名称、ID、数量、规格	√		√		
	原材料名称、数量、规格	√	√			
	机器状态、数量	√				
	人员配备	√				
	交货期	√				
	资金占用	√				
	计划与安排生产状态	√				
	原材料质量情况		√			
	仓库信息		√	√		
	对应产品名称、ID、数量		√			
	领料状态		√			
	质量情况			√		
	验收入库状态			√		
	发货仓库				√	
	客户名称、ID				√	
	运费				√	
	物流状态				√	
	其他各作业信息及备注	√	√	√	√	

3.4.2 计划与安排生产数据参数设计

计划与安排生产作业的数据信息除了要体现出本作业的编号、时间戳各项具体信息，还要包含对应的领料作业编号、验收入库作业编号和发出产品作业编号，这样可以使有关联性的各项业务彼此能够根据编号查询到对应的信息。

因此，计划与安排生产作业数据中涵盖的本作业的数据信息包括了本业务的编号，即计划与安排生产作业 ID；本业务的时间戳，即计划与安排生产作业创建（修改）时间；本业务的各项具体属性信息，即产品名称、产品 ID、产品数量、产品规格、原材料名称、原材料数量、原材料规格、机器数量及运行状态、人员配备、交货期、资金占用、计划与安排生产状态、其他计划与安排生产作业信息及备注。

此外，由于进行计划与生产安排作业之后，需要进行领料作业、验收入库作业和发出产品作业。因此，它的数据中还需要体现出其他三项作业的编号，即对应的领料作业 ID、对应的验收入库作业 ID、对应的发出产品作业 ID。

3.4.3　领料数据参数设计

领料作业的数据信息除了要体现出本作业的编号、时间戳各项具体信息，还要包含对应的计划与安排生产作业编号、验收入库作业编号和发出产品作业编号，这样可以使得有关联性的各项业务彼此能够根据编号查询到对应的信息。

因此，领料作业数据中涵盖的本作业的数据信息包括了本业务的编号，即领料作业 ID；本业务的时间戳，即领料作业创建时间；本业务的各项具体属性信息，即原材料名称、原材料数量、原材料规格、原材料质量情况、仓库信息、对应产品名称及数量、对应产品 ID、领料状态、其他领料作业信息及备注。

此外，由于领料作业之前需要进行计划与安排生产作业，之后需要进行验收入库作业和发出产品作业。因此，它的数据中还需要体现出其他三项作业的编号，即对应的计划与安排生产作业 ID、对应的验收入库作业 ID、对应的发出产品作业 ID。

3.4.4 验收入库数据参数设计

验收入库作业的数据信息除了要体现出本作业的编号、时间戳各项具体信息，还要包含对应的计划与安排生产作业编号、领料作业编号和发出产品作业编号，以确保相关联的业务能够通过编号互相查询对应信息。

因此，验收入库作业数据中涵盖的本作业的数据信息包括了本业务的编号，即验收入库作业 ID；本业务的时间戳，即验收入库作业创建时间；本业务的各项具体属性信息，即产品名称、产品 ID、产品数量、产品规格、仓库信息、产品质量情况、验收入库状态、其他验收入库作业信息及备注。

此外，由于验收入库作业之前需要进行计划与安排生产作业、领料作业，之后需要进行发出产品作业。因此，它的数据中还需要体现出其他三项作业的编号，即对应的计划与安排生产作业 ID、对应的领料作业 ID、对应的发出产品作业 ID。

3.4.5 发出产品数据参数设计

发出产品作业的数据信息除了要体现出本作业的编号、时间戳各项具体信息，还要包含对应的计划与安排生产作业编号、领料作业编号和验收入库作业编号，这样可以使得有关联性的各项业务彼此能够根据编号查询到对应的信息。

因此，发出产品作业数据中涵盖的本作业的数据信息包括了本业务的编号，即发出产品作业 ID；本业务的时间戳，即发出产品作业创建时间；本业务的各项具体属性信息，即发货仓库、客户名称、客户 ID、运输方名称及 ID、运费、物流状态、其他发出产品作业信息及备注。

此外，由于发出产品作业之前需要进行生产计划与安排生产作业、领料作业、验收入库作业。因此，它的数据中还需要体现出其他三项作业的编号，即对应的计划与安排生产作业 ID、对应的领料作业 ID、对应的验收入库作业 ID。

3.4.6 组织数据参数设计

与上述四项作业不同，组织的数据信息包括组织的各项基本信息。

组织的信息为其特有的属性。其编号为域名；时间戳为创建时间、修改时间；其他信息为组织名称、组织状态（是否设置完成并处于正常运行的状态）以及其他信息或备注。

此外，由于组织数据信息不具有与其他业务之间前后项的关联性，因此它的数据中不需要体现出其他三项业务的编号。

3.5 共识方案设计

3.5.1 计划与安排生产共识

1. 共识条件设计

（1）销售部。判断生产计划是否符合销售计划的产品名称、数量、型号。具体判断条件如表 3.2 所示。

表 3.2　基于销售计划的生产计划共识条件判断明细

生产计划信息	销售计划	判断条件	共识结果
产品名称	产品名称	相同	通过
型号	型号	相同	通过
计划生产数量	计划销售数量 – 该销售计划之前关联的全部生产计划的数量合计	小于或等于	通过

（2）生产部。手动共识，判断生产能力是否满足生产计划的需求。具体判断条件如表 3.3 所示。

表 3.3　基于生产能力的生产计划共识条件判断明细

生产计划信息	生产能力	判断条件	共识结果
计划生产数量	可生产数量 ①可生产数量＝一天实际工作小时数 ×60 分钟 × ∑ 所有生产线距离最晚完工日期前可安排的天数 ÷ 单位产品耗时（按照最长的计算） ②生产计划可以拆分为多个生产订单进行生产	小于或等于	手动

（3）仓储部。手动共识，判断生产计划是否满足仓储部的存放条件以及物料库存。具体判断条件如表 3.4 所示。

表 3.4　基于仓储条件的生产计划共识条件判断明细

生产计划信息	仓储部	判断条件	共识结果
计划生产数量	产品最高库存 – 产品在库数量	小于或等于	手动
产成品存放条件	仓储产成品存放条件	符合	通过
每种原材料所需的数量	每种原材料的在库数量 – 安全库存	小于或等于	手动

2. 共识机制设计

在计划与安排生产共识中，生产部、仓储部、销售部、采购部、财务部、人力部负责该业务的账本维护，共识发起方是生产部，共识参与方是销售部、仓储部、采购部、财务部、人力部。

如图 3.6 所示，在全共识机制中，计划与安排生产信息中的计划与安排生产初始化信息、计划与安排生产变更信息、计划与安排生产完成信息、计划与安排生产撤销都需要经过所有背书节点的背书通过才可以写入区块链账本中，具体步骤如下：

（1）生产部门登录客户端并调用证书服务，获取 CA。

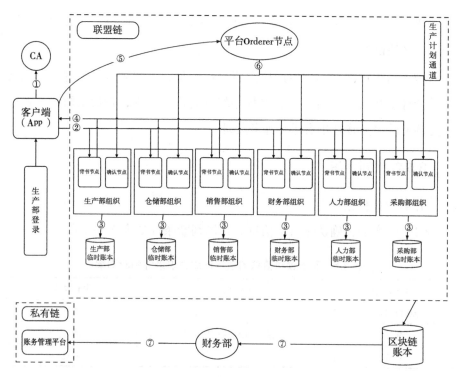

图 3.6 计划与安排生产共识流程

（2）生产部门发起计划与安排生产请求，并将计划与安排生产信息发送给仓储部、销售部、采购部、财务部、人力部的背书节点。

（3）各个部门将计划生产初始化信息数据与自身临时账本中的数据进行比对。针对该笔业务信息中所涉及本部门的内容进行验证审批，其他信息以默认同意的方式进行背书确认。例如，仓储部组织将所收到的计划与安排生产信息中的待校验数据与仓储部临时账本中的原始数据进行比对。

（4）待各个部门背书确认完成后，返回背书节点所属组织签名的响应信息给客户端。

（5）客户端将交易请求发送给 Orderer 节点，Orderer 节点根据时间进行排序，产生区块。

（6）Orderer 节点将区块广播给各个部门的确认节点，该确认节点接收到区块后，进行 VSCC（验证系统链码）验证。若验证通过，则保存区块，即计入区块链账本。

（7）由于可能会出现生产所需原材料不足，需要采购的问题，所以会涉及会计上相关借原材料、贷银行存款等的账务处理，最后由财务人员在私有链上的财务管理平台进行账务处理。

3.5.2 领料共识

1. 共识条件设计

（1）生产部：确认领料单信息。具体判断条件如表 3.5 所示。

表 3.5　基于领料信息的领料计划共识条件判断明细

领料单信息	判断条件	共识结果
原材料名称	与实际领用的原材料一致	通过
型号		通过
数量		通过

（2）仓储部：确认原材料已出库，具体判断条件如表 3.6 所示：

表 3.6　基于的仓储信息的领料计划共识条件判断明细

领料单信息	判断条件	共识结果
原材料名称	与实际领用的原材料一致	通过
型号		通过
数量		通过

2. 共识机制设计

在领料共识中，仓储部、生产部负责该业务的账本维护，共识发起方是生产部，共识参与方是仓储部。

如图 3.7 所示，在全共识机制中，领料信息中的领料初始化信息、领料变更信息、领料完成信息、领料撤销信息都需要经过所有背书节点的背书通过才可以写入区块链账本中，具体步骤如下：

（1）生产部登录客户端并调用证书服务，获取 CA。

（2）生产部门发起领料请求，并将领料信息发送给仓储部的背书节点。

（3）生产部、仓储部将领料的初始化信息数据与自身临时账本数据进行比对，同时针对该笔业务信息中所涉及本部门的内容进行验证审批，其他信息以默认同意的方式进行背书确认。

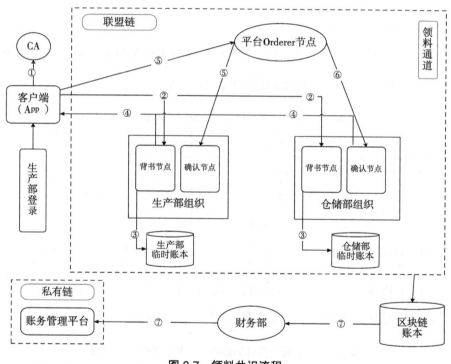

图 3.7　领料共识流程

（4）待生产部、仓储部背书确认完成后，返回背书节点所属组织签名的响应信息给客户端。

（5）客户端将交易请求发送给 Orderer 节点，Orderer 节点根据时间进行排序，产生区块。

（6）Orderer 节点将区块广播给仓储部、生产部的确认节点，该确认节点接收到区块后，进行 VSCC（验证系统链码）验证。若验证通过，则保存区块，领料信息计入区块链账本。

（7）由于涉及领料的问题，所以需要做相关的借生产成本、贷原材料的账务处理，即由财务人员在私有链上的财务管理平台进行账务处理。

3.5.3 验收入库共识

1. 共识条件设计

（1）仓储部。判断实际入库产成品信息与质检单是否一致，以及入库数量是否符合要求，具体判断条件如表 3.7 所示。

表 3.7　基于仓储信息的验收入库共识条件判断明细

实际入库信息	质检单和库存信息	判断条件	共识结果
产成品名称	产成品名称	相同	通过
型号	型号	相同	通过
实际入库数量	质检合格数量	等于	通过
实际入库数量	产品最高库存 – 产品在库数量	小于或等于	通过

（2）质检部。判断实际送检的产成品信息是否与生产安排一致，以及产成品质量是否符合质量管理标准，具体判断条件如表 3.8 所示。

表 3.8　基于质检条件的验收入库共识条件判断明细

实际送检信息	生产订单信息	判断条件	共识结果
产成品名称	产成品名称	相同	通过
型号	型号	相同	通过
送检数量	实际投产数量	等于	通过
产成品质量	质量管理标准	符合	通过

（3）生产部。判断实际入库数量是否符合生产计划入库数量，如果自动共识不通过，则可提起手动共识，具体判断条件如表 3.9 所示。

表 3.9　基于生产条件的验收入库共识条件判断明细

产成品信息	生产订单信息	判断条件	共识结果
实际入库数量	计划入库数量	等于	通过；如不通过，可以提起手动共识

2. 共识机制设计

在验收入库共识中，生产部、仓储部和质检部负责入库业务的账本维护，共识发起方是仓储部，共识参与方是生产部、质检部。

如图 3.8 所示，在全共识机制中，验收入库信息中的验收入库初始化信息、验收入库变更信息、验收入库完成信息、验收入库撤销信息都需要经过所有背书节点的背书通过才可以写入区块链账本中，具体步骤为：

（1）仓储部登录客户端并调用证书服务，获取 CA。

（2）仓储部发起入库请求，并将入库信息发送给生产部和质检部的背书节点。

（3）生产部、质检部、仓储部将入库初始化信息数据与自身临时账本数据进行比对，同时针对该笔业务信息中所涉及本部门的内容进行审批，其他信息如无特殊要求则以默认同意的方式进行背书确认。

（4）待生产部、质检部、仓储部背书确认完成后，返回背书节点所属组织签名的响应信息给客户端。

（5）客户端将交易请求发送给 Orderer 节点，Orderer 节点根据时间进行排序，产生区块。

（6）Orderer 节点将区块广播给各个部门的确认节点。该确认节点接收到区块后，进行 VSCC（验证系统链码）验证。若验证通过，则保存区块，将入库信息写入区块链账本。

（7）由于该环节涉及成本归集到库存商品问题，所以需进行会计上的账务处理，即最后由财务人员在私有链上的财务管理平台进行账务处理。

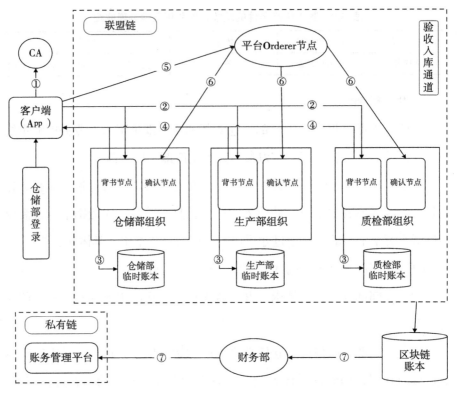

图 3.8　验收入库共识流程

3.5.4　发出产品共识

在发出产品共识中，仓储部、物流部、销售部（客服）和客户负责该业务的账本维护，共识发起方是仓储部，共识参与方是物流部、销售部（客服）和客户。

如图 3.9 所示，在全共识机制中，发出产品信息中的发出产品初始化信息、发出产品变更信息、发出产品完成信息、发出产品撤销信息都需要经过所有背书节点的背书通过才可以写入区块链账本中，具体步骤为：

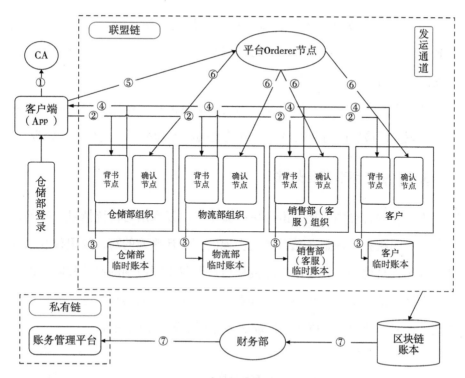

图 3.9　发出产品共识流程

（1）仓储部登录客户端并调用证书服务，获取 CA。

（2）仓储部发起发出产品请求，将发出产品信息发送给物流部、销售部（客服）和客户的背书节点。

（3）仓储部、物流部、销售部（客服）和客户将发出产品初始化信息数据与自身临时账本中的原始数据进行比对，同时针对该笔业务信息中所涉及本部门的内容进行审批，其他信息如无特殊要求则以默认同意的方式进行背书确认。

（4）待仓储部、物流部、销售部（客服）和客户全部背书确认完成后，返回背书节点所属组织签名的响应信息给客户端。

（5）客户端将交易请求发送给 Orderer 节点，Orderer 节点根据时间进行排序，产生区块。

（6）Orderer节点将区块广播给各个部门的确认节点，该确认节点接收到区块后，进行VSCC（验证系统链码）验证。验证通过，则保存区块，将发出产品信息写入区块链账本。

（7）由于该环节涉及销售发货结转成本等问题，所以需进行会计上的账务处理，即最后由财务人员在私有链上的财务管理平台进行账务处理。

3.5.5 生产环节账务处理

为了和现有准则对接，由区块链账本可以读取出与传统情景一样的信息。本章的账务处理是在私有链上实现的，会计账簿的写入权限仅受财务部授权的人员控制，其他用户经授权后可获得不同级别的读取权限。即根据这个区块链账本读取相应的业务数据，生成相应的会计单据，然后根据单据进行账务处理。具体生产活动账务分析如图3.10所示。

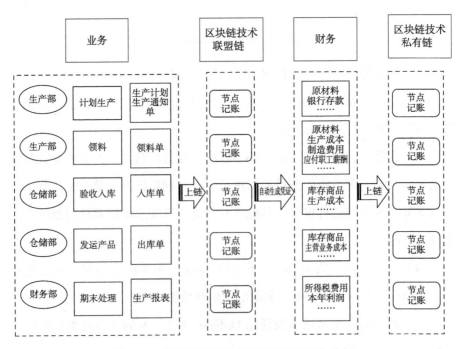

图3.10　基于区块链技术的生产活动账务分析

由此可见，在区块链应用场景下，可以实现会计核算与监督的同步，即在某个作业中，业务发生的同时，财务人员据此生成相关单据，登录财务管理平台，并根据此笔业务信息生成相关的账务核算处理，同时由节点在区块链上记账。以上联盟链与私有链的有机结合有助于业财融合的实现。

3.5.6　基于区块链技术的生产环节整体共识结构

通过上述 3.5.1—3.5.4 四小节分别对生产环节四个业务流程的共识机制设计，图 3.11 为基于区块链技术的生产活动业务共识流程图，每个环节发生时由该环节的业务部门发起人登录客户端进行相应的共识，达成共识后紧接着可以进行下一个环节的共识，以此类推直到生产流程全部结束。在此期间不断有信息数据计入区块链账本，由所有部门及人员共享，相关交易信息均计入区块链账本。

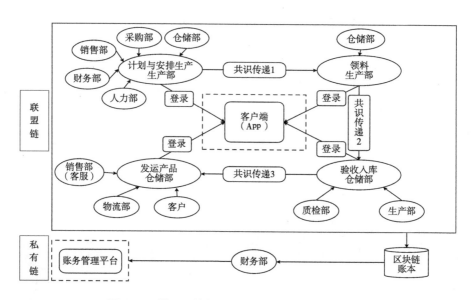

图 3.11　基于区块链技术的生产活动业务共识流程

第 4 章　采购环节共识机制

4.1 企业采购环节业财融合管理需求分析

4.1.1 企业采购环节现状分析

本章研究的是区块链技术如何应用于企业内部采购与付款流程，因此选取制造业企业的通用采购流程，以通用采购流程为基准设计基于区块链技术的采购与付款流程方案，图 4.1 为采购环节流程图。

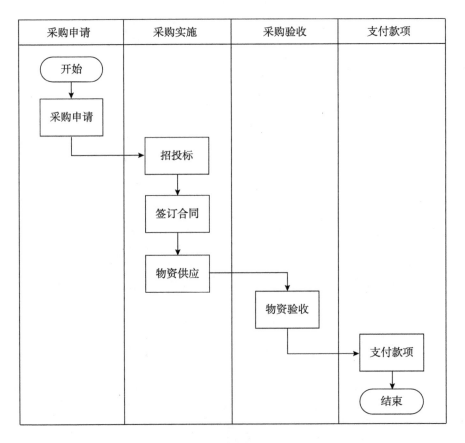

图 4.1 采购流程概念

在上述流程中，每一步都有各自的工作内容，具体内容如表 4.1 所示。

表 4.1　采购与付款流程具体内容

步骤	具体内容
第一步	采购部门按照采购计划单的要求进行采购，采购前要经过采购部门领导审批，然后分别向仓储部门、财务部门确定原材料库存信息以及资金流信息
第二步	按照确定好的采购计划进行供应商选择，小批量采取零星采购，大批量进行招投标采购
第三步	与供应商签订合同
第四步	供应商发货
第五步	原材料到达，仓储部门对原材料验收入库
第六步	财务部门按照合同规定时间进行付款

4.1.2　企业采购环节问题识别

在企业采购各环节中，采购计划的确认、原材料的验收入库和付款是企业内部采购与付款流程的环节。从企业采购环节内部控制风险点切入，重点分析这三个环节出现的一些问题，设计符合区块链逻辑的解决方案。以下是目前采购与付款流程中出现的一些问题。

1. 审批流程消耗时间过多

目前，企业中的采购与付款流程，无论是采购环节、入库环节还是付款环节，业务的开展都需要部门间一步一步审批，采购申请流程审批需要逐级审批，从申请部门发起人到申请部门主管，再到仓库管理部门及相关部门主管审批后，再到其分管副总审批，最后到最高权力者审核，整个流程办理下来繁琐冗长，效率难以得到保证[39]。

2. 验收不规范

货物到达后仓储部门会根据采购单核对货物数量和质量，检查无误后进行入库。在这一流程中，货物的数量和质量是否符合采购标准只由仓储部门决定。在原材料质量上，由于专业性的原因，仓储部门的员工有时无法对货物的质量作出准确判断，等到生产人员进行生产时才发现原材料存在瑕疵为时已晚；在原材料数量上，仓储部门员工对数量的查验不严，可能不会及时地发现数量问题，更有甚者擅自以次等品替换优等品，严重损害了企业利益[98]。

3. 会计信息作假

无论是无意还是有意，会计作假的事件时有发生，在采购环节中也存在着会计信息作假的情况，例如采购合同作假、虚构采购交易、存货不正当盘亏盘盈、相关凭证信息不准确等，这些情况严重影响了企业的正常利益，也加大了审计人员的工作量。

4.1.3 企业采购环节业财融合管理需求

1. 业务信息的部分去中心化

在传统采购环节中，业务的进行是以部门间的纵向审批流程开展的，各部门划分各自的权限，只维护各自的信息，每一个部门都是一个中心。利用区块链技术，在部门和部门之间建立联盟链，每个部门在联盟链中分布着各自的节点，所有节点可以依据业务的分类自由地加入通道中进行相关信息的交换，每一笔业务的进行都要经过该笔业务通道中的所有节点背书同意才可以执行，达到部分去中心化的目的，使得所有节点共同维护一套账本，因此提出如下去部分中心化需求：

（1）节点合理设置。节点设置合理包括节点数量和分布设置合理。虽然节点越多安全性越高，但是维护成本越高，共识速度越慢，节点数量设置应该考虑成本、交易速度和安全性。节点的分布不应集中于某一交易参与方，应该合理分配。

（2）各节点之间能够相互通信。

（3）各节点共同维护一套账本。

2. 业务信息的防篡改性

在传统企业内部信息化管理中，各项业务的信息存在着可以被反审核重新修改的现象，严重者有关信息不需要反审核就可以直接修改，这对于企业信息的维护来说是不利的，因此提出如下防篡改性需求：

（1）各节点能查询到账本上的相关信息。

（2）各节点不能隐藏发生过的业务信息。

（3）各节点不能单独对发生过的业务信息进行修改。

（4）各节点能够获取的信息应当保持一致。

3. 业务信息的完整性

业务信息的完整性是企业业务开展的保障，也是对历史信息进行查询的重要保障，因此提出如下完整性需求：

（1）完整记录请购信息，包括原材料名称、数量、单价、供应商、最晚付款日期、付款方式等信息。

（2）完整记录入库信息，包括原材料数量是否准确、质量是否达标等信息。

（3）完整记录付款信息，包括对方名称、付款金额、付款日期等信息。

4. 业务信息的真实性

业务信息的真实性是企业会计核算的基础，也是保证会计信息质量的基本要求，因此提出如下真实性需求：

（1）真实记录请购信息，包括原材料名称、数量、单价、供应商、最晚付款日期、付款方式等信息。

（2）真实记录入库信息，包括原材料数量是否准确、质量是否达标等信息。

（3）真实记录付款信息，包括对方名称、付款金额、付款日期等信息。

5. 业务信息的可维护性

业务信息的可维护性是指对发生过的信息及时维护，不会出现故障导致数据丢失，因此提出如下可维护性需求：

（1）请购信息维护。

（2）入库信息维护。

（3）付款信息维护。

4.2 共识参与方设计

4.2.1 采购参与各方职能综述

共识机制的参与方，是具有承担数据可信责任的区块链系统参与方，在同一参与方中包括不同的功能节点。其在现实世界中可以是一个公司或者一个协会。本章所定义的参与方是指完成某一笔业务所涉及的各个相关人员，这些组织含有在区块链网络里完成各种功能的节点，比如确认节点、记账节点、背书节点等。在正式使用时，这些节点会被分布在不同的服务器上，共同承担着对账本的维护工作。这些参与方共同承担了某个企业的角色，如供应商、客户，或某个企业中的某部门人员的相应职能，如会计、出纳等职能。

在企业采购管理流程中，从计划管理到契约管理再到付款是由多个相关人员协助完成的，具体为业务人员、采购人员、会计人员、特批领导、供应商。依据各人员在区块链网络里的职能不同，本章设置五个参与方，即业务人员组织、采购人员组织、会计人员组织、特批领导组织和供应商组织，企业通过这五个组织参与到区块链账本的共识和维护。

4.2.2　业务人员组织

业务人员组织是指产生采购业务需求的部门人员，可能是生产人员也可能是销售人员，具体视实际业务情况而定。业务人员组织是负责维护计划管理业务的相关交易账本的组织，需要完成在产生采购业务需求时发起计划管理申请任务，对相关信息进行背书并记录到账本中。某个主体对其发起的业务首先进行背书，而后等待其他协同各方背书确认，待相关主体全部背书确认后，业财共识得以达成。

业务人员组织的功能如下：

1. 业务功能

（1）发起计划业务。依据采购业务需要，向采购人员和会计人员发起采购计划申请的业务，以实现业财共识达成。

（2）查询业务。依据每笔业务编号或关键字能够查询到相关业务的具体信息和历史信息。

2. 背书功能

计划管理业务背书：业务人员能够对达成一致的计划管理业务的发起信息进行背书确认，对不能达成一致的计划管理信息拒绝背书确认。

3. 记账功能

计划管理业务记账：业务人员能够真实、完整地记录计划管理业务的发起信息、完成信息和失败信息。

4.2.3　采购人员组织

采购人员组织是负责维护计划管理业务、契约管理业务、特批业务、付款业务的相关交易账本的组织，需要完成核对审查采购申请单相关信息、签订采购合同时发起契约管理申请、协助确认付款金额等任务，对相关信息进行背书并记录到账本中。

采购人员组织的功能如下：

1. 业务功能

（1）发起契约管理业务。依据实际业务需求向会计人员和供应商发起契约签订信息检验的业务。

（2）发起特批业务。当资金预算或支出金额超过限额时，依据实际发生的各项费用支出需求向会计人员和特批领导发起支出特批的业务。

（3）查询业务。依据每笔业务的业务编号或关键字能够查询到相关业务的具体信息和历史信息。

2. 背书功能

（1）采购人员组织能够对其发起的业务进行背书，等待其他相关主体进行背书确认。

（2）计划管理业务背书。采购人员能够对达成一致的计划管理业务的发起信息进行背书确认，对不能达成一致的计划管理信息拒绝背书确认。

（3）契约管理业务背书。采购人员能够对达成一致的契约管理业务的发起信息进行背书确认，对不能达成一致的契约管理信息拒绝背书确认。

（4）特批业务背书。采购人员能够对达成一致的特批业务的发起信息进行背书确认，对不能达成一致的特批信息拒绝背书确认。

（5）付款业务背书。采购人员能够对达成一致的付款业务的发起信息进行背书确认，对不能达成一致的付款信息拒绝背书确认。

3. 记账功能

上述各项业务的采购人员能够真实、完整地记录各自业务的发起信息、完成信息和失败信息，对实现共识的相关信息进行上链。

4.2.4 会计人员组织

会计人员组织是负责维护计划管理业务、契约管理业务和特批业务的相关交易账本的组织，需要完成对采购申请单的审批及采购合同的审核等任务，对相关信息进行背书并记录到账本中。

会计人员组织的功能如下：

1. 业务功能

查询业务：依据每笔业务编号或关键字能够查询到相关业务的具体信息和历史信息。

2. 背书功能

（1）会计人员组织能够对其发起的业务进行背书，等待其他相关主体进行背书确认。

（2）计划管理业务背书。会计人员能够对达成一致的计划管理业务的发起信息进行背书确认，对不能达成一致的计划管理信息拒绝背书确认。

（3）契约管理业务背书。会计人员能够对达成一致的契约管理业务的发起信息进行背书确认，对不能达成一致的契约管理信息拒绝背书确认。

（4）特批业务背书。会计人员能够对达成一致的特批业务的发起信息进行背书确认，对不能达成一致的特批信息拒绝背书确认。

3. 记账功能

上述各项业务的会计人员能够真实、完整地记录各自业务的发起信息、完成信息和失败信息，对实现共识的相关信息进行上链。

4.2.5 特批领导组织

特批领导组织是负责维护特批业务的相关交易账本的组织，需要完成对支出预算或费用支出超出限额的事项进行审批等任务，对相关信息进行背书并记录到账本中。

特批领导组织的功能如下：

1. 业务功能

查询业务：依据每笔业务编号或关键字能够查询到相关业务的具体信息和历史信息。

2. 背书功能

特批业务背书：特批业务负责人能够对达成一致的特批业务的发起信息进行背书确认，对未成一致的特批信息拒绝背书确认。

3. 记账功能

特批业务记账：特批领导能够真实、完整地记录特批业务的发起信息、完成信息和失败信息，对实现共识的相关信息进行上链。

4.2.6 供应商组织

供应商组织是负责维护契约管理业务和付款业务的相关交易账本的组织，需要完成对采购合同的审核及付款条件的确认等任务，对相关信息进行背书并记录到账本中。

供应商组织的功能如下：

1. 业务功能

查询业务：依据每笔业务编号或关键字能够查询到相关业务的具体信息和历史信息。

2. 背书功能

（1）供应商组织能够对其发起的业务进行背书，等待其他相关主体进行背书确认。

（2）契约管理业务背书。供应商能够对达成一致的契约管理业务的发起信息进行背书确认，对不能达成一致的契约管理信息拒绝背书确认。

（3）付款业务背书。供应商能够对达成一致的付款业务的发起信息进行背书确认，对不能达成一致的付款信息拒绝背书确认。

3. 记账功能

上述各项业务的供应商能够真实、完整地记录各自业务的发起信息、完成信息和失败信息，对实现共识的相关信息进行上链。

4.3　业务流程设计

采购环节由五个子业务组成，分别是计划管理业务、契约管理业务、入库管理业务、特批业务和付款业务。（付款业务见第 5 章）

4.3.1　采购业务流程总述

本流程所指的采购业务是指对采购物料的计划管理、选择供应商并进行契约管理、入库管理、特批及付款等业务流程中的重要节点进行全面监控和管理。

一般流程概述如下：第一，制订采购需求计划。第二，选择、认证供应商。基于总拥有成本（TCO）进行供应商的选择，调查其产品在数量、质量、价格、信誉等方面是否满足购买需求，并与供应商签订采购合同。第三，发出采购订单。以订单方式传递详细的购买计划和需求信息给供应商并商定结款方式。第四，物料验收入库。第五，评价采购工作。

4.3.2　计划管理业务流程设计

计划管理业务是指业务部门产生采购需求，制订采购计划并报批的业务。

计划管理业务中，业务人员、采购人员和会计人员对计划管理业务的账本进行维护。业务人员填写好采购申请单并经业务部门领导审核后不再依照采购人员、会计人员的顺序审批，而是以各个部门人员同时对采购信息中涉及各自职能的内容进行审批，其他信息默认同意的方式进行背书确认。下述比对内容同步进行，具体比对信息包括：

（1）业务人员在收到经业务部门领导审核完毕的采购申请单后发起计划管理请求，请求信息包括采购事由、采购内容、采购地点、采购时间、支出预算等，并将此信息发送给采购人员和会计人员，各组织将计划管理信息数据与临时账本中的数据进行比对。业务人员 / 仓储部作为发起方对采购申请单进行核验，同时对计划管理信息的全部内容背书通过。

（2）采购人员 / 采购部依据企业采购管理制度，对采购申请单的内容进行核对，检查是否有超出范围和限额的原材料品种和数量，并根据库存情况核查采购数量；检查申请单是否按规定填写完整、清楚，确认采购申请是否得到业务部门领导批准。审批通过则同意背书，其他信息默认同意。

（3）会计人员 / 财务部依据预算管理制度对部门资金预算信息进行审批；依据企业银行账户信息（或库存现金信息）判断资金是否充足，并作为契约管理业务的对照依据。审批通过则同意背书，其他信息默认同意。

所有组织背书通过后将计划管理初始化信息写入区块链账本。计划管理业务流程如图 4.2 所示。

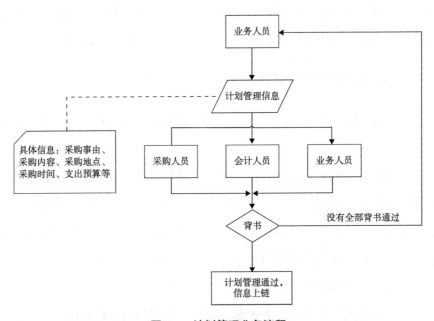

图 4.2　计划管理业务流程

如果采购人员审批权限不足，或采购申请单中的资金预算超过会计人员审核的人员限额或部门限额，则需执行经特批领导审批的特批机制，此部分将在后面详细说明。

4.3.3　供应商评价与选择方案设计

1.TCO 与供应商的选择与评估

采购需求计划制定后，需要进行供应商的选择，在此引入总拥有成本（TCO）的概念。龚光明认为，TCO 是一种管理理念，因为它的提出打破了传统采购观念中注重价格的短视思维，考虑了物资的全部成本，体现了一种"全成本、全周期"的理念转变，即考虑了从选择供应商到生产产品，再到销售产品整个过程中所发生的全部成本费用；同时又认为 TCO 是一种科学的管理工具，将 TCO 模型嵌入公司的内部流程和供应商的选择与绩效考核当中，公司利用定性与定量相结合的分析方法，及时反馈各项信息并调整相应策略，据此作为决策依据。具体分析流程如图 4.3 所示。

TCO 分析流程的优点如下：

（1）为公司持续有效评估供应商提供工具。既能进行供应商之间成本的横向比较，又能进行纵向比较，提高采购决策精准度。

（2）具体而又量化的数据使得公司通过对比各供应商在各步骤中的具体表现，找准谈判切入口，掌控谈判的主动权。

（3）改变公司以前注重价格的短视目光，考虑了长远发展。

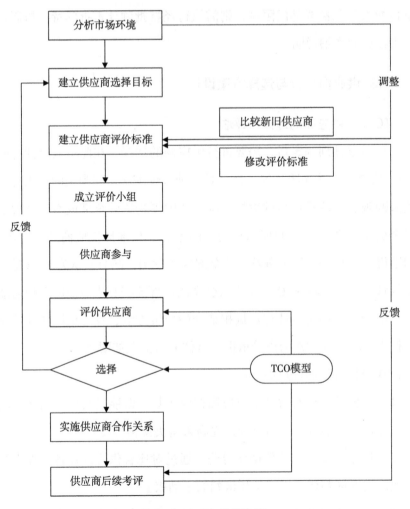

图 4.3 TCO 分析流程

2. 基于 TCO 的采购成本分析模型研究

（1）TCO 理念下的采购成本构成。目前，制造企业在进行采购成本分析时主要关注物资的采购价格与运输费用，并未将其他成本考虑在内，因而使得采购成本核算数据不完整，不利于把控采购成本控制中的问题点，进而无法达到降本目的。因此，本书以 TCO 理念为基础，通过梳理制造企业采购全过程中发生的成本进一步完善采购成本构成。这样不仅有利于公司找准采购成本控制中存在的问题，采取有效的改进措施，还有利于为公司的运营决策提供有利支撑，提升降本增利的效果。相关文献综述中有关学者构建的采购成本构成如图 4.4 所示。

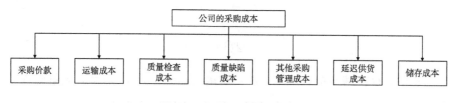

图 4.4　公司采购成本构成

（2）基于 TCO 的采购成本分析模型的引入与优化。首先对相关文献中的 TCO 模型进行介绍，TCO 模型如下：

$$T = N(C + W + Q + K + M + D + O) \tag{4.1}$$

式中，T：供应商总成本；C：物资采购单价（元 / 吨）；W：运输单价（元 / 吨）；Q：单位质量检查成本（元 / 吨）；K：单位质量缺陷成本（元 / 吨）；M：单位其他采购管理成本（元 / 吨）；D：单位延迟供货成本（元 / 吨）；O：单位储存成本（元 / 吨）；N：采购物资总重量。

上述各项成本均表示单位成本。其中，采购单价和运输单价共同构成物资的采购入账单价（以下简称入账单价）。

上述七个成本项目中，采购单价和运输单价是显性成本，相关数据能够直接获得，而除此之外的其他成本为隐性成本，公司并未对这部分数据进行归类整理，因此需要进行数据的剥离。

各成本定义解释与公式确定如下：

①物资采购单价。物资采购单价 C 以公司收到的供应商发票上记载的采购单价为准。

②运输单价。运输单价 W 依据供应商发票上记载的运输单价计算。

③单位质量检查成本。质量检查成本分为两部分，一部分是基本的检

查成本（主要是指员工工资薪金、办公费用、机器设备折旧费用、耗材成本等）；另一部分是因为物资缺陷而产生的额外检查成本，与缺陷率正相关。其表达式为：

$$E_P = N' / N \qquad (4.2)$$

$$Q = Q'(1 + \delta E_P) \qquad (4.3)$$

式中，Q'：基本检查成本；E_P：质量缺陷率；δ：缺陷率对质量检查成本的影响系数；N'：缺陷物资重量；N：采购物资总重量

④单位质量缺陷成本。主要包括材料和人工两部分，指因质量缺陷问题造成的修理成本、报废损失、停工损失等，与缺陷率正相关，其表达式为：

$$K = (\omega C + \pi) E_P \qquad (4.4)$$

式中，ω：缺陷率对质量缺陷成本的影响系数；π：缺陷成本系数。

⑤单位其他采购管理成本。单位其他采购管理成本主要指采购人员工资薪金、差旅费、沟通成本等，具体为搜索、考察、培训供应商等的成本、招投标活动发生的成本、相关沟通成本等。其包括两部分，一部分指与采购相关的其他一切直接成本费用，另一部分指因物资缺陷而造成的额外管理成本，与缺陷率正相关。其表达式为：

$$M = M'(1 + \varepsilon E_P) \qquad (4.5)$$

式中，ε：缺陷率对其他采购管理成本的影响系数；M'：与采购活动直接相关的成本。

⑥单位延迟供货成本。该部分成本主要是指因延迟购买物资产生的增量成本、额外的差旅成本、二次搬运成本、生产中断产生的成本等。其表达式为：

$$L = L' / N \tag{4.6}$$

$$D = L(\beta C + \gamma) \tag{4.7}$$

式中，β：延迟率对延迟供货成本的影响系数；L：供应商的延迟率；L'：延迟重量；γ：延迟供货成本系数。

⑦单位储存成本。单位储存成本指从供应商送货后到生产上线前，保存该物资所花费的成本，主要指仓库租赁费、工资薪金、合理损耗等成本。

综上所述，TCO 模型表达式为：

$$T = N[C + W + Q'(1 + \delta E_P) + M'(1 + \varepsilon E_P) + (\omega C + \pi)E_P + L(\beta C + \gamma) + O] \tag{4.8}$$

由式（4.8）可见，文献中在构建 TCO 分析模型时将反映同一成本驱动因素的成本按照成本科目进行归集，例如，质量缺陷引起的成本分别体现在质量检查成本、采购管理成本和质量缺陷成本中，但其本质均与质量缺陷有关，却被划分到了不同的成本科目中。由此，本书认为以成本科目形式构建的分析模型无法清晰反映成本驱动因素所引起的成本大小，进而无法帮助公司锚定采购成本控制的方向。因此，本节将按照成本驱动因素对引入模型进行优化，以期准确反映采购成本，提升采购成本管理工作质量。

3. 基于成本驱动因素的 TCO 分析模型优化

（1）物资的采购单价与运输单价。模型中使用的这两部分数据是入账单价，将本应分开计算的两部分成本合在了一起，现根据实际情况将该部分计算方式优化如下：

$$P = C + W \tag{4.9}$$

式中，P：物资的入账单价。

（2）单位质量检查成本。根据模型优化原理，将由质量缺陷引起的成本归入质量缺陷成本中。因此，质量检查成本只包含基本检查成本。

（3）单位其他采购管理成本。根据模型优化原理，将质量缺陷引起的额外成本归入质量缺陷成本中，该部分成本仅包含基本其他采购管理成本。

（4）单位综合质量缺陷成本。基于质量缺陷率这一关键成本驱动因素，现将单位其他采购管理成本和单位质量检查成本中与缺陷率有关的成本统一纳入该成本当中。优化公式如下：

$$K = (\omega P + \pi)E_P + Q'\delta E_P + M'\varepsilon E_P \qquad （4.10）$$

整理得： $$K = (\omega P + \pi + \delta Q' + \varepsilon M')\ E_P \qquad （4.11）$$

（5）单位延迟供货成本。原模型中该项成本构成反映了关键成本驱动因素，故计算公式保持不变。

（6）单位储存成本。原模型已反映关键成本驱动因素，故计算公式保持不变。

综上所述，优化后的采购成本分析模型为：

$$T = N[P + Q' + M' + (\omega P + \pi + \delta Q' + \varepsilon M')\ E_P + L(P\beta + \gamma) + O] \qquad （4.12）$$

根据式（4.12），P、E_P、L 由供应商的表现决定，是由供应商引起的成本驱动因素；Q'、M'、O、ω、ε、β、γ、π 也属于引起采购成本的驱动因素，但主要与采购方自身管理相关，其数值相对比较固定，可根据历史数据计算求得。

4. **基于 TCO 对标分析的供应商选择方案**

采购成本大小会受到供应商的影响，对供应商物资的质量、成本等因素进行了解有利于公司在获得价格优势的基础上，同时获得稳定的供应与质量保障。

由基于成本驱动因素的 TCO 分析模型可以看出，与供应商相关的成本驱动因素主要是价格、质量和交付，为清晰反映供应商之间的具体差异，准确选择与评价供应商，在式（4.12）的基础上对这三个成本驱动因素进行对标分析方案的设计，以支持更为有效的采购成本分析与管理。

（1）TCO 对标分析的标准确认原则。

由于成本越低，利润越大，在进行供应商 TCO 分析时可利用各家供应商单项成本中的最小值作为该单项成本的行业标杆，将各单项成本的行业标杆求和得出 TCO 的行业标杆。

（2）TCO 对标分析的思路。

$$A = \frac{\max\left(\dfrac{T}{N}\right) - \dfrac{T_i}{N_i}}{\max\left(\dfrac{T}{N}\right) - \min\left(\dfrac{T}{N}\right)} \qquad (4.13)$$

$$\max\left(\frac{T}{N}\right) = \max_{h\in I}\left(P_h\right) + \max_{h\in I}\left(\omega P_h + \pi + \delta Q_h + \varepsilon M_h\right) E_{ph} + \max_{h\in I}\left[L_h\left(P_h\beta + \gamma\right)\right] \qquad (4.14)$$

$$\min\left(\frac{T}{N}\right) = \min_{h\in I}\left(P_h\right) + \min_{h\in I}\left(\omega P_h + \pi + \delta Q'_h + \varepsilon M'_h\right) E_{ph} + \min_{h\in I}\left[L_h\left(P_h\beta + \gamma\right)\right] \qquad (4.15)$$

将第 i 家供应商的 T_i/N_i 与同时期竞争者当中相关数据的最大值和最小值进行比较，构建式（4.13）。式中：T_i/N_i 表示第 i 家供应商的单位 TCO。

根据式（4.13）可知，当 T_i/N_i 趋近于 $\max(T/N)$ 时，对标分析指标（以下简称指标）A 趋近于 0；当 T_i/N_i 趋近于 $\min(T/N)$ 时，指标 A 趋近于 1。因此，指标 A 很好地反映了第 i 家供应商 T_i/N_i 的大小，如果其数值越小，将会为核心厂商贡献更多的价值，取得评分将会越高，反之将会越低。

将 T 的表达式代入式（4.13）得出对标分析模型：

$$A = \frac{\max\left(\dfrac{T}{N}\right) - \dfrac{T_i}{N_i}}{\max\left(\dfrac{T}{N}\right) - \min\left(\dfrac{T}{N}\right)}$$

$$= \frac{\max\limits_{h\in I}(P_h) - \min\limits_{h\in I}(P_h)}{\max\left(\dfrac{T}{N}\right) - \min\left(\dfrac{T}{N}\right)} \times \frac{\max\limits_{h\in I}(P_h) - P_i}{\max\limits_{h\in I}(P_h) - \min\limits_{h\in I}(P_h)} +$$

$$\frac{\max\limits_{h\in I}\big((\omega P_h + \pi + \delta Q + \varepsilon M)E_{ph}\big) - \min\limits_{h\in I}\big((\omega P_h + \pi + \delta Q + \varepsilon M)E_{ph}\big)}{\max\left(\dfrac{T}{N}\right) - \min\left(\dfrac{T}{N}\right)} \times$$

$$\frac{\max\limits_{h\in I}\big((\omega P_h + \pi + \delta Q + \varepsilon M)E_{ph}\big) - \big((\omega P_i + \pi + \delta Q + \varepsilon M)E_{pi}\big)}{\max\limits_{h\in I}\big((\omega P_h + \pi + \delta Q + \varepsilon M)E_{ph}\big) - \min\limits_{h\in I}\big((\omega P_h + \pi + \delta Q + \varepsilon M)E_{ph}\big)} +$$

$$\frac{\max\limits_{h\in I}\big[L_h(P_h\beta + \gamma)\big] - \min\limits_{h\in I}\big[L_h(P_h\beta + \gamma)\big]}{\max\left(\dfrac{T}{N}\right) - \min\left(\dfrac{T}{N}\right)} \times$$

$$\frac{\max\limits_{h\in I}\big[L_h(P_h\beta + \gamma)\big] - \big[L_i(P_i\beta + \gamma)\big]}{\max\limits_{h\in I}\big[L_h(P_h\beta + \gamma)\big] - \min\limits_{h\in I}\big[L_h(P_h\beta + \gamma)\big]} \tag{4.16}$$

由此可知，作为指标 A 的值，由三个模块相加得来，而每一模块由两部分数值乘积构成。以采购单价模块为例，其表达式如式（4.17）所示：

$$A_1 = \frac{\max\limits_{h\in I}(P_h) - \min\limits_{h\in I}(P_h)}{\max\left(\dfrac{T}{N}\right) - \min\left(\dfrac{T}{N}\right)} \times \frac{\max\limits_{h\in I}(P_h) - P_i}{\max\limits_{h\in I}(P_h) - \min\limits_{h\in I}(P_h)} \tag{4.17}$$

上述表达式的右侧部分反映了供应商的该单项成本与其竞争厂商相比所处的位置，揭示了该供应商在此单项成本方面的对标分析结果；表达式左侧反映了该单项成本在竞争厂商之间的差异幅度与其单位 TCO 差异幅度的对比关系，在直接使用单位 TCO 进行对标分析时，上述表达式左侧的数值体现了单项成本对标分析结果对单位 TCO 对标分析结果的影响权重，简称为差异幅度权重。

（3）基于 TCO 对标分析结果的供应商类型划分。

传统制造企业是以物资加工等方式划分供应商，这样的划分方式过于粗糙，忽视了诸如供应商供应风险等一些重要影响因素，无法满足供应商的分类管理需求。为解决这一问题，本节根据各家供应商入账单价和单位管理成本在以重要性为权重的对标分析方法下的得分的平均值作为划分依据。其中，平均入账单价对标得分指某一供应商四个季度该项成本得分的算数平均值；平均值指四类供应商平均入账单价对标得分的算数平均值。由于购买物资的单位综合质量缺陷成本和单位延误供货成本反映了供应商的管理水平，因此将这两项成本的得分合并作为供应商分类的依据，即单位管理成本对标得分。平均单位管理成本对标得分和平均值的计算过程与平均入账单价对标得分和平均值一致，不再赘述。

根据划分依据，可以将供应商分为四类，分别是战略型供应商、价格优势型供应商、管理优势型供应商以及普通型供应商。

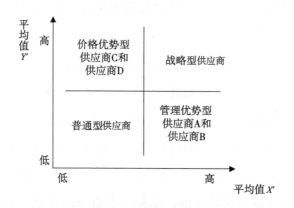

图 4.5　供应商分类

在图 4.5 中，供应商 A 和供应商 B 的平均入账单价对标得分低于平均值 Y'，但两家供应商的平均单位管理成本对标得分高于平均值 X'；而供应商 C 和供应商 D 的情况正好与供应商 A 和供应商 B 情况相反。由于成本属于利润抵减项，越低越好，因此根据分类标准，将供应商 A 和供应商 B 划分为管理优势型供应商，供应商 C 和供应商 D 划分为价格优势型供应商。

图 4.5 中还展示了战略型供应商和普通型供应商，其中战略型供应商通常指物资价格较低，但管理水平较高的供应商；普通型供应商指物资价格较高，但管理水平较低的供应商。该类供应商一般不会成为公司的合作对象，通常只会在其他供应商不能满足公司需求时才会与之建立临时合作关系。由此我们基于 TCO 对标分析方案解决了供应商的选择问题，在区块链采购业务流程设计中具体体现在契约管理业务中。

4.3.4 契约管理业务流程设计

契约管理业务是指与供应商签订采购合同的业务。

契约管理业务中，采购人员、会计人员和供应商对契约管理业务的账本进行维护。采购计划审批完成后采购人员开展采购业务，与供应商签订采购契约的过程中以会计人员和供应商共同对合同中的各项具体信息进行检验，其他信息默认同意的方式进行背书确认。下述比对内容同步进行，具体比对信息包括：

（1）采购人员在拟写完成采购合同后发起契约管理请求，请求信息包括采购事由、采购内容、采购地点、采购时间、采购的各项支出金额、付款方式及付款日期等，并将此信息发送给会计人员和供应商，各组织将契约管理信息数据与临时账本中的数据进行比对。采购人员作为发起方对契约内容进行核验，同时对契约管理信息的全部内容背书通过。

（2）会计人员依据采购申请单和企业资金收支管理制度，以及采购业务相关文件如采购合同、发票，判断费用支出事项是否合规，各项支出凭证是否真实、合法、齐全；依据企业预算管理制度和企业银行账户信息（或库存现金信息）对发票信息进行审批，资金是否充足，对支出金额进行审批；依据企业财务政策为标准对申请信息中的最晚付款日期、付款方式进行审批等。审批通过则同意背书，其他信息默认同意。财务部判断询价信息是否符合供应商询价管理制度（厂家名称、地址、电话、主要负责人、产品报价、信用等级）；判断合同信息是否符合财务付款制度（合同金额、税率、适用税率、结算方式、开票方式）；判断合同涵盖的双方权利与义务条款是否符合《中华人民共和国民法典》（以下简称：《民法典》）规定。

（3）供应商对采购合同中的具体条款进行确认，如交货日期、付款方式、各方的责任权利等。审批通过则同意背书，其他信息默认同意。

所有组织背书通过后将契约管理初始化信息写入区块链账本。具体流程如图 4.6 所示。

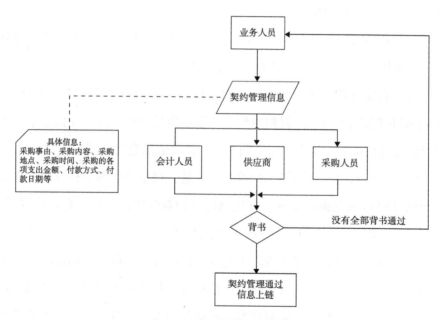

图 4.6 契约管理业务流程

如果因为某些原因导致契约管理过程中需要对合同信息进行修改，采购人员在确定修改信息后再次发起契约管理请求。采购人员对修改后的合同信息进行全面核验，并背书通过契约管理信息的全部内容；会计人员对修改后的支出事项的金额是否违反财务原则、资金是否充足、票据是否真实完整等进行审核；供应商对修改后的合同条款进行确认。

如果采购业务支出总金额超过会计人员审核的人员限额或部门限额，则需执行经特批领导审批的特批机制，此部分在下文详细说明。

4.3.5 入库管理业务流程设计

在入库流程中，采购部门、仓储部门和质检部门负责入库业务的账本维护。原材料到货后，采购部门、仓储部门和质检部门一起对原材料的各项信息进行检验，各个部门同时针对每笔业务信息中涉及本部门的内容进行审批，其他信息以默认同意的方式进行背书确认。下述比对内容同步进行，具体比对信息包括：

（1）仓储部门在原材料到达后发起入库请求，将入库信息发送给采购部门和质检部门，各方将入库初始化信息写入临时账本。

（2）仓储部门作为业务发起者对入库信息的所有内容全部背书通过，采购部门以合同规定的原材料数量、规格和质量为标准对入库信息中的原材料信息进行审批，审批通过则同意背书，其他信息默认同意。

（3）质检部门以合同规定的原材料数量、规格和质量为标准对入库信息中的原材料信息进行审批，审批通过则同意背书，其他信息默认同意。全部同意后将入库初始化信息写入区块链账本。

如果因原材料质量等原因发生退货，仓储部门在确定采购部门进行退货后发起入库退货请求，将入库退货信息发送给采购部门和质检部门，各部门将入库退货信息写入临时账本。仓储部门作为业务发起者对入库退货信息的所有内容全部背书通过，采购部门对入库退货原材料的数量、规格和质量进行审批，审批通过则同意背书，其他信息默认同意；质检部门对入库退货原材料的数量、规格和质量进行审批，审批通过则同意背书，其他信息默认同意。全部同意后将入库退货信息写入区块链账本。

如果因为其他原因导致发生采购撤销，仓储部门在采购部门确定采购撤销后发起入库撤销请求，将入库撤销请求发送给采购部门和质检部门，各部门将入库撤销请求写入临时账本。仓储部门作为业务发起者对入库撤销信息的所有内容全部背书通过，采购部门对入库撤销原材料的数量、规格和质量进行审批，审批通过则同意背书，其他信息默认同意；质检部门对入库撤销原材料的数量、规格和质量进行审批，审批通过则同意背书，其他信息默认同意。全部同意后将入库撤销信息写入区块链账本。具体流程如图 4.7 所示。

入库业务的进行伴随着入库单的产生，通过区块链技术可以使得财务部门直接从区块链上提取入库单信息，结合区块链的不可篡改性直接保证了入库单的真实性并减少了部门间核对信息造成的时间浪费。在财务部门做账时，由于此项原始单据的真实性得到保证，因此账务处理的正确性主要依赖于会计信息系统做账的逻辑性，从而节省了大量用于证实原始单据真伪性的时间，极大提升了工作效率。

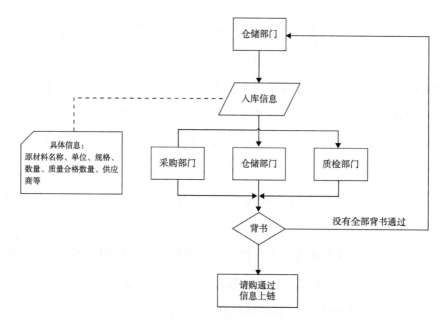

图 4.7 入库管理业务流程

4.3.6 特批业务流程设计

特批业务是指当某些业务信息超过规定标准或相关节点审核权限时，需经特批领导审批的业务。计划管理业务和契约管理业务中均存在特批机制。在智能合约中可提前设定好各支出标准的上限，当提交采购申请单或采购合同时，系统会自动将相关支出金额与预设限额进行比对。如果未超过限额，则按照原业务流程正常进行；如果超过限额，仍要先在原业务流程通道中正常进行审核，相关节点拒绝背书后，业务人员或采购人员可选择重新填写申请信息，按照可支出的标准调整后再次提交申请，或选择转入特批流程。

在特批业务中，采购人员、会计人员和特批领导对特批业务的账本进行维护。提交采购计划或签订契约时以采购人员、会计人员和特批领导共同对超标的支出信息进行检验，其他信息默认同意的方式进行背书确认。下述比对内容同步进行，具体比对信息包括：

（1）采购人员在收到采购申请单或确立采购合同后发起特批请求，请求信息包括超标原因、采购事由、采购内容、采购地点、采购时间、采购的各项支出金额、付款方式及付款日期等，并将此信息发送给会计人员和特批领导，各组织将特批信息数据与临时账本中的数据进行比对。采购人员作为发起方对申请单或合同进行核验，同时对特批信息的全部内容背书通过。

（2）会计人员负责财务审批，审批通过则同意背书，其他信息默认同意。

（3）特批领导对业务的合规性、支出金额的超标原因、费用的标准性及合理性进行审批。审批通过则同意背书，其他信息默认同意。

所有组织背书通过后将特批初始化信息写入区块链账本。具体流程如图 4.8 所示。

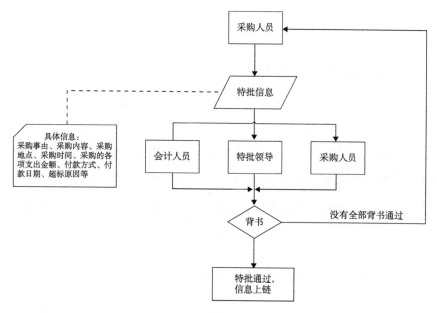

图 4.8　特批业务流程

4.3.7　采购环节整体业务流程结构

上述小节分别对采购管理的各个子业务进行了业务流程设计，图 4.9 为采购环节的整体业务流程结构。

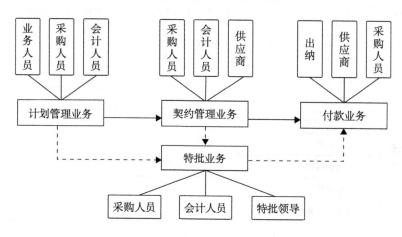

图 4.9　采购环节整体业务流程

4.4 业务与共识参数设计

结合图 4.2、图 4.6~ 图 4.9 的业务流程设计，根据相关的关键业务流程，分别总结了在采购业务推进过程中需要关注的变量参数，这些参数将为共识机制的构建和运行的过程当中，各节点进行决策和判断是否能够达成共识提供信息使用。在数据参数设计上要体现出采购环节下各业务的具体信息。

4.4.1 业务与共识数据参数设计总述

通过对各环节业务数据参数信息进行设计，可以明确各业务流程，为推进达成共识机制提供信息使用。利用相关参数包括本业务的编号和本业务包含的其他业务的编号，可以使得有关联性的各项业务彼此能够根据编号查询到对应的信息，相关参数如表 4.2 所示。

表 4.2 采购环节业务参数明细

类别	业务类型及组织	计划管理业务	契约管理业务	入库管理业务	特批业务	组织
业务基本信息	本业务 ID	√	√	√	√	
	对应业务 ID	√	√	√	√	
	本业务时间戳	√	√	√	√	
组织基本信息	供应商名称、ID			√		
	创建、修改时间					√
	域名					√
	组织名称					√
	组织状态					√
	其他信息备注					√

类别	业务 类型及组织	计划管理业务	契约管理业务	入库管理业务	特批业务	组织
业务属性信息	业务人员 ID	√	√	√	√	
	采购人员 ID	√	√	√	√	
	使用部门	√	√	√	√	
	采购内容	√	√	√	√	
	采购地点	√	√	√	√	
	采购时间	√	√	√	√	
	业务人员职务	√	√	√	√	
	本业务状态	√	√	√	√	
	支出预算	√				
	各项支出金额、付款方式、付款日期		√			
	支出金额与相关单据的符合情况		√		√	
业务属性信息	原材料名称、原材料数量、原材料规格、原材料质量情况			√		
	资金预算或支出金额超标原因				√	
	其他本业务信息及备注	√	√	√	√	

4.4.2 计划管理业务数据参数设计

计划管理业务数据参数除了要体现出本业务对应的计划管理编号、时间戳和计划管理的各项具体信息，还要包含其对应的契约管理业务编号、特批业务编号和付款业务编号，这样可以使得有关联性的各项业务彼此能够根据编号查询到对应的信息。

计划管理业务数据主要包括：计划管理业务 ID、业务创建时间、对应的契约管理业务 ID、对应的特批业务 ID、对应的付款业务 ID、业务人员 ID、采购人员 ID、使用部门、采购内容、采购地点、采购时间、支出预算、业务人员职务、计划管理状态、其他计划管理信息及备注。

4.4.3 契约管理业务数据参数设计

契约管理业务数据参数除了要体现出本业务对应的契约管理编号、时间戳和契约管理的各项具体信息，还要包含对应的计划管理业务编号、付款业务编号和特批业务编号。

契约管理业务数据主要包括：契约管理业务 ID、契约管理业务创建时间、对应的计划管理业务 ID、对应的付款业务 ID、对应的特批业务 ID、业务人员 ID、采购人员 ID、使用部门、采购内容、采购地点、采购时间、各项支出金额、付款方式、付款日期、支出金额与相关单据的符合情况、业务人员职务、契约管理状态、其他契约管理业务信息及备注。

4.4.4 入库管理业务数据参数设计

入库管理业务数据参数除了要体现出本业务对应的入库编号、时间戳和原材料的各项具体信息，还要包含对应的计划管理业务编号、契约管理业务编号和付款业务编号。

入库业务数据主要包括：入库业务 ID、入库业务创建时间、对应的计划管理业务 ID、对应的契约管理业务 ID、对应的付款业务 ID、原材料名称、原材料数量、原材料规格、原材料质量情况、供应商名称、入库状态、其他入库业务信息及备注。

4.4.5 特批业务数据参数设计

特批业务数据参数除了要体现出本业务对应的特批编号、时间戳和特批的各项具体信息，还要包含对应的计划管理业务编号、契约管理业务编号和付款业务编号。

特批业务数据主要包括：特批业务 ID、特批业务创建时间、对应的计划管理业务 ID、对应的契约管理业务 ID、对应的付款业务 ID、业务人员 ID、采购人员 ID、使用部门、资金预算或支出金额超标原因、采购内容、采购地点、采购时间、各项支出金额、付款方式、付款日期、支出金额与相关单据的符合情况、业务人员职务、特批状态、其他特批业务信息及备注。

4.4.6 组织数据参数设计

组织数据参数是组织的各项基本信息，主要用来识别和维护各个组织。

组织数据主要包括：相关部门组织所参与业务的编号，即组织部门 ID；本业务的时间戳，即部门组织创建时间、修改时间；以及相关部门组织所参与业务的属性信息，即部门组织名称、域名、部门组织状态（是否设置完成并处于正常运营状态）备注以及组织其他属性信息等。

4.5 共识方案设计

4.5.1 计划管理共识

1. 共识条件设计

（1）财务部。

自动共识，判断采购计划是否符合资金安排，如果自动共识不通过，则可提起手动共识，具体判断条件如表 4.3 所示．

表 4.3　基于资金安排的采购计划共识条件判断明细

采购计划信息	资金安排	判断条件	共识结果
每种原材料的计划采购数量	每种原材料的预算采购数量 – 之前该种原材料采购数量合计	小于或等于	通过；如不通过，可重新发起手动共识

如果重新发起手动共识，则需要总裁办手动判断是否通过共识。

（2）采购部。

①自动共识，判断采购周期是否符合材料申请，如果自动共识不通过，则可提起手动共识，具体判断条件如表4.4所示。

表4.4 基于采购周期的采购计划共识条件判断明细

采购计划信息	材料备料信息	判断条件	共识结果
采购周期最后一天	材料备料申请计划入库日期	小于或等于	通过；如不通过，可重新发起手动共识

如果重新发起手动共识，则需要总裁办手动判断是否通过共识。

②自动共识，判断采购计划是否与实际需求的原材料名称、数量、型号一致，具体判断条件如表4.5所示。

表4.5 基于原材料信息的采购计划共识条件判断明细

采购计划信息	判断条件	共识结果
原材料名称		通过
数量	与实际需求一致	通过
型号		通过

（3）仓储部。

①自动共识，判断采购原材料名称、数量、型号是否符合材料申请，具体判断条件如表4.6所示。

表4.6 基于材料备料信息的采购计划共识条件判断明细

采购计划信息	材料备料信息	判断条件	共识结果
原材料名称	原材料名称	相同	通过
型号	型号	相同	通过
计划采购数量	原材料申请数量	相等	通过

②手动共识，判断是否满足原材料存放仓库容量需求，具体判断条件如表4.7所示：

4.7　基于仓储条件的采购计划共识条件判断明细

采购计划信息	仓储容量	判断条件	共识结果
计划采购数量	原材料最高库存 − 原材料在库数量	小于或等于	手动

③自动共识，判断是否满足原材料存放条件需求，具体判断条件如表4.8 所示。

表 4.8　基于仓储条件的原材料存放共识条件判断明细

原材料存放条件	判断条件	共识结果
存放条件	符合仓储原材料存放条件	通过

2. 共识机制设计

计划管理业务共识通道由采购人员组织、会计人员组织和业务人员组织中的背书节点及确认节点构成，同时所有节点均具有记账功能。在全共识机制中，必须经过通道中全部背书节点的一致同意才能将计划管理信息中的计划管理初始化信息、计划管理变更信息、计划管理完成信息等记入区块链账本。计划管理业务共识详细流程如图 4.10 所示。

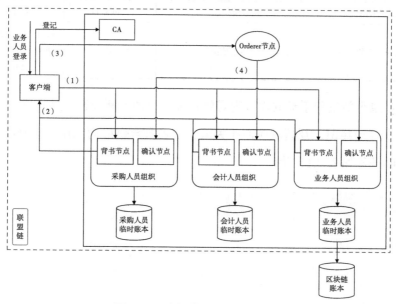

图 4.10　计划管理业务共识流程

4.5.2 契约管理共识

1. 共识条件设计

（1）采购部。

①自动共识，判断是否符合采购申请的原材料名称、数量、型号，具体判断条件如表 4.9 所示。

表 4.9 基于合同信息的采购契约共识条件判断明细

采购合同信息	采购申请	判断条件	共识结果
原材料名称	原材料名称	相同	通过
型号	型号	相同	通过
合同采购数量	采购申请的数量 – 对应采购申请已关联的合同数量合计	小于或等于	通过

②自动共识，判断采购合同交货日期是否符合采购申请，如果自动共识不通过，则可提起手动共识，具体判断条件如表 4.10 所示。

表 4.10 基于申请周期的采购契约共识条件判断明细

采购合同信息	采购申请信息	判断条件	共识结果
采购合同交货日期	采购申请周期的最晚一天	小于或等于	通过；如不通过，可重新发起手动共识

如果重新发起手动共识，则需要总裁办手动判断是否通过共识。

③自动共识，判断供应商相关信息是否符合供应商信用管理制度，具体判断条件如表 4.11 所示。

表 4.11　基于供应商信息的采购契约共识条件判断明细

供应商信息	判断条件	共识结果
供应商信用等级	符合供应商信用管理制度	通过
折扣销售条款		通过
现金折扣比例		通过
原材料质量信息		通过
交货及时率		通过
历史违约信息		通过

（2）财务部。

①自动共识，判断询价信息是否符合供应商询价管理制度，具体判断条件如表 4.12 所示。

表 4.12　基于询价信息的采购契约共识条件判断明细

询价信息	判断条件	共识结果
厂家名称	符合供应商询价管理制度	通过
地址		通过
电话		通过
主要负责人		通过
产品报价		通过
信用等级		通过

②自动共识，判断合同信息是否符合财务付款制度，具体判断条件如表 4.13 所示。

表 4.13　基于合同信息的采购契约共识条件判断明细

合同信息	判断条件	共识结果
合同金额	符合财务付款制度	通过
税额	符合财务收款制度	通过
适用税率		通过
结算方式		通过
开票方式		通过

③自动共识，判断合同涵盖的双方权利与义务条款是否符合《民法

典》规定，具体判断条件如表 4.14 所示。

表 4.14　基于法律信息的采购契约共识条件判断明细

合同条款	判断条件	共识结果
权利与义务	符合《民法典》规定	通过

（3）运输方。

①自动共识，判断运费信息是否符合财务收款制度，具体判断条件如表 4.15 所示。

表 4.15　基于运费信息的采购契约共识条件判断明细

运费信息	判断条件	共识结果
运费金额		通过
运费承担方		通过
适用税率	符合财务收款制度	通过
税额		通过
开票方式		通过
结算方式		通过

②自动共识，判断是否可以按时完成商品交付，具体判断条件如表 4.16 所示。

表 4.16　基于交货信息的采购契约共识条件判断明细

交货信息	判断条件	共识结果
交货时间	能够按照合同约定的时间将货物送达约定	通过
交货地点	交货地点	通过

2. 共识机制设计

契约管理业务共识通道由会计人员组织、供应商组织和采购人员组织中的背书节点及确认节点构成，同时所有节点均具有记账功能。在全共识机制中，必须经过通道中全部背书节点的一致同意才能将契约管理信息中的契约管理初始化信息、契约管理变更信息、契约管理完成信息等记入区块链账本。契约管理业务共识详细流程如图 4.8 所示。

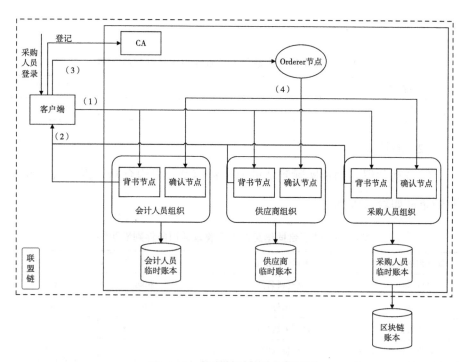

图 4.11　契约管理业务共识流程

4.5.3 入库管理共识

1. 共识条件设计

（1）仓储部。

①自动共识，判断实际入库原材料信息与质检单是否一致，具体判断条件如表 4.17 所示。

表 4.17　基于质检单信息的入库管理共识条件判断明细

实际入库信息	质检单信息	判断条件	共识结果
原材料名称	原材料名称	相同	通过
型号	型号	相同	通过
实际入库数量	质检合格数量	等于	通过

②自动共识，判断实际在库数量不超过最高库存，具体判断条件如表

4.18 所示。

表 4.18　基于库存信息的入库管理共识条件判断明细

实际入库信息	库存信息	判断条件	共识结果
实际入库数量	产品最高库存 – 产品在库数量	小于或等于	通过

（2）质检部。

①自动共识，判断实际到货的原材料信息与采购合同是否一致，具体判断条件如表 4.19 所示。

表 4.19　基于合同信息的入库管理共识条件判断明细

实际到货信息	采购合同信息	判断条件	共识结果
原材料名称	原材料名称	相同	通过
型号	型号	相同	通过
到货数量	合同采购数量	小于或等于	通过
到货日期	交货日期	不晚于	通过

②自动共识，判断质检的原材料质量是否符合质量管理标准，具体判断条件如表 4.20 所示。

表 4.20　基于质检条件的入库管理共识条件判断明细

实际到货信息	判断条件	共识结果
原材料质量	符合质量管理标准	通过

（3）采购部。

自动共识，判断数量合格率是否在要求的范围内，具体判断条件如表 4.21 所示。

表 4.21　基于原材料合格率的入库管理共识条件判断明细

原材料信息	判断条件	共识结果
合格率	≥ 98.45%	通过

注：合格率 = 质检合格数量 / 合同采购数量。

（4）供应商。

①自动共识，判断实际到货信息与发货信息是否一致，具体判断条件如表 4.22 所示。

表 4.22　基于供应商条件的入库管理共识条件判断明细

实际到货信息	发货信息	判断条件	共识结果
原材料名称	原材料名称	相同	通过
型号	型号	相同	通过
到货数量	发货数量	小于或等于	通过

②自动共识，判断原材料合格率是否符合正常范围，具体判断条件如表 4.23 所示。

表 4.23　基于供应商条件的原材料合格率判断明细

原材料信息	判断条件	共识结果
合格率	符合正常范围	通过

注：合格率 = 质检合格数量 / 实际到货数量。

（5）运输方。

自动共识，判断实际到货信息是否与发货信息一致，具体判断条件如表 4.24 所示。

表 4.24　基于供应商条件的入库管理共识条件判断明细

实际到货信息	发货信息	判断条件	共识结果
原材料名称	原材料名称	相同	通过
型号	型号	相同	通过
到货数量	发货数量	数量差在合理损耗范围内	通过

2. 共识机制设计

在全共识机制中，入库信息中的入库初始化信息、入库变更信息、入库完成信息、入库撤销信息都需要经过所有背书节点的背书通过才可以写入区块链账本中。详细流程如图 4.12 所示。

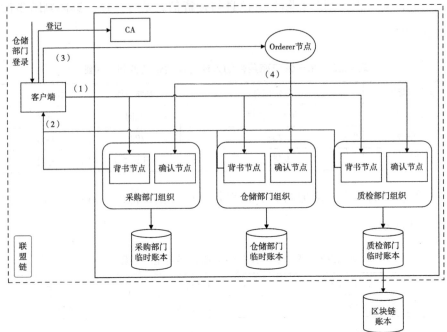

图 4.12　入库管理业务共识流程

4.5.4　特批共识

特批业务的共识机制设计：

此通道由会计人员组织、特批领导组织和采购人员组织中的背书节点及确认节点构成，同时所有节点均具有记账功能。在全共识机制中，必须经过通道中全部背书节点的一致同意才能将特批信息中的特批初始化信息、特批变更信息、特批完成信息等记入区块链账本。其详细流程如图4.13 所示。

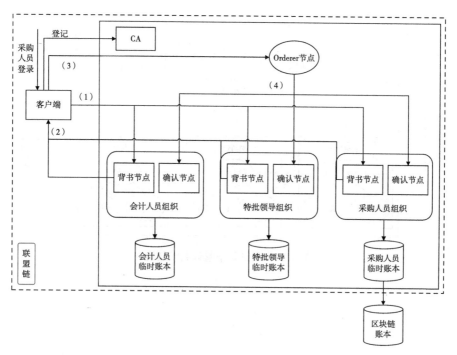

图 4.13 特批业务共识流程

4.5.5 业财融合背景下的采购环节整体共识结构

前述各节分别对采购管理的各个子业务进行了共识机制设计，图4.14 为采购环节的整体共识结构。共识发起的节点登录客户端，提交相应交易提案发送给其他相关节点，全部同意背书后经过区块验证完成共识。当前一个业务共识流程结束后，紧接着继续进行下一个共识，以此类推直至该业务完全结束。在此过程中不断产生的交易数据将计入区块链账本中，各相关节点可以同时查询和使用所需信息。相关交易信息计入区块链账本后，由财务人员在企业内部私有链上的账务管理平台进行记账。

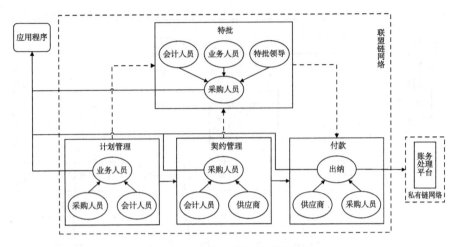

图 4.14　采购环节整体共识结构

第 5 章　收支管理共识机制

5.1 企业收支环节业财融合管理需求分析

5.1.1 企业收支管理现状分析

本章研究的是区块链技术如何应用于企业的收支环节，以一家通信行业中比较典型的传统制造业企业为例，对企业收入和支出管理现状分析。

1. 收入管理现状

该企业收入环节主要为销售收款活动，因此本文选取销售收款业务作为示例进行流程说明，同样本章 5.5 节将以销售收款业务为例进行收入环节的方案设计，默认收入环节即指发生销售收款与该企业销售与收款流程，如表 5.1 所示。

表 5.1 销售与收款流程具体内容

步骤	项目	销售与收款流程内容
第一步	编制销售单	客户识别。销售部门负责发现业务机会并分析机会，评估预期买家、预期产品需求量、预期供货能力，技术部门评估技术需求，提供预评估报价，确定目标客户群体
第二步		客户信用认证。财务部门、商务部门对客户的偿付能力、信用方面进行认证；财务部门批准客户的信用额度、信用账期；同时客户也会对企业进行供货资质等认证
第三步		以客户订单、生产计划和库存等为依据，销售部门编制产品销售单，经销售部门负责人审核
第四步	订立销售合同	商务部门负责商定具体商务条款，财务部门和法务部门同时参与评估合同风险，如评估付款条件、汇率风险、政治风险、罚则等信息；同时研发部门评估产品交付能力、交付量和生产周期并由商务部门向客户反馈交期
第五步		与客户签订销售合同
第六步	发运商品	编制发运凭证作为发货证明

续表

步骤	项目	销售与收款流程内容
第七步	收取款项	财务部门依据合同中商定的收款条件收取货款，根据合同和销售订单查询核实客户预付款的到账情况或信用额度使用情况，向销售部门传递核实信息或开具收款通知单

收入管理并非仅指对实际收款的动作进行管控，而是在形成未来潜在收款权力时，即开始收入管理。从编写销售计划开始形成了潜在收款义务，收到客户的验收单后形成了真正的收款义务。企业收入管理具体措施有：

（1）客户信用管理。

公司商务部门负责客户管理，在接受销售订单前会首先依据相关基础资料评定客户的基础信用，评定通过后做出信用评级，依据信用评级对其设定相应的交易上限和应收账款账期，保证足额收回应收账款；同时会对客户进行后续的信用管理，随着交易量越来越大，可根据需要调整授信额度及账期。

（2）超期收款管理。

依据不同程度采取不同的控制措施：临近约定收款期限时，财务部门会对客户发出付款提醒，进行催款；客户若逾期仍未付款，销售再次进行催款，并可对发货进行控制，暂时停止发货；超期时间过长，法务进行最终催款，可发出律师函；情况严重者将采取法律行动。

（3）定期对账管理。

财务部门每月同客户进行一次账目核对，避免出现账目杂乱、责任不明的问题，保证回款的及时性。

（4）购买保险业务。

该企业为应收账款购买了保险，可以将因客户未付款而造成的潜在重大损失风险转嫁给保险公司，将损失率降到最低。

2.支出管理现状

该企业支出环节主要包括两方面内容，一是员工报销，二是业务付款。两项业务的开展都需要经过部门之间的逐级审批流程，其本质上是相似的。为直观清晰地反映支出管理流程，本章选取采购业务作为示例进行流程说明，同样本章 5.5 节将以采购业务为例进行支出环节的方案设计，默认支出环节即指发生采购支出。该企业采购与付款流程如表 5.2 所示。

表 5.2　采购与付款流程具体内容

步骤	项目	采购与付款流程内容
第一步	采购申请	系统中收到并记录客户销售订单，订单信息自动传到采购部门。采购部门将销售计划进行分解，查询哪些物料库房充足无需购买，哪些物料需要购买，并确定所需数量
第二步		首次购买某种原材料或与新供应商合作时，资源部门要对供应商进行资质审核，质量部门检验样品，财务审批价格
第三步		根据采购需求编制采购计划和预算。采购部门按照采购计划单的要求进行采购，进行采购前要向财务部门确定资金流信息
第四步	采购实施	按照确定好的采购计划，采购部门根据份额和成本情况在系统中进行供应商选择
第五步		与供应商签订合同
第六步		供应商发货
第七步	采购验收	原材料到达，仓储部门对原材料进行验收入库
第八步	支付款项	财务部门收到入库单及发票后，按照合同规定时间进行付款

支出管理并非仅指对实际付款的动作进行管控，而是在形成未来潜在付款义务时，即开始了支出管理。从编写采购计划开始形成了潜在付款义务，采购材料验收入库后形成了付款义务。该企业目前的支出管理具体措施有：

（1）供应商管理。

在采购初期进行供应商评定时，资源部门会综合考虑供应商的信用状况、财务状况、规模大小、供货能力以及承受风险的能力等多个方面，进行严格的筛选和评定。评定通过后，资源部门会对供应商进行评级分类，以确保企业能够持续获得所需原材料的稳定供应。

（2）定期对账管理。

财务部门每隔一个月同供应商核对一次账目，查看收到原材料的数

量、单价与采购合同是否一致，以减少错付的情况，保证资金安全和财务
状况真实性。

（3）库存管理。

在保留一定比例应付账款融资方式的基础上，对货物供应相对顺畅的
供应商，采取以零库存为目标，尽量减少库存数量的措施；为了应对因产
品更新速度过快导致产品贬值的问题，该企业全面调查并及时掌握外部环
境、产品技术和自身生产情况等内外部信息，确定合理的库存资金限额和
库存数量，将应付账款控制在合理的范围内。

5.1.2　企业收支管理问题识别分析

1. 企业收支管理问题总述

企业收支管理问题总述如表 5.3 所示。

表 5.3　企业收支管理问题总述

类别	效率问题	风险问题
具体问题	主要体现在业务审批和信息传递方面：①对账工作压力较大，存在对账差异；②企业上下游之间信息传递不够及时；③业务链顺序审核、逐级审批，审核过程时间较长	主要体现在信息校验方面：①存在超期收款、超期付款、错付现象；②会计信息作假，业务信息可被篡改；③信息链逐步传递，校验时存在风险

2. 企业收支管理具体问题

（1）效率问题。

①对账工作压力较大，存在对账差异。在与供应商进行对账时，对
于采购业务往来频繁且采购量较大的供应商，由于每天会产生很多采购票
据，因而采取月结方式，存在对账差异，账目不清的问题；在与客户对账
时，由于客户方立场较为强势，希望做到零库存管理，对于该公司来说，
持有产成品存货，要追加管理费、仓储费和保险费等支出，因此为减少产
成品存货，节约相关的支出，将库存产品放置于客户处，希望把存货转化

为应收账款，但当客户实际取用时才可以认为真正发货，确认收入。由于对客户信息把握的不及时，双方容易产生对该笔交易信息的错记、漏记、多记等不一致问题，经常会出现盘盈、盘亏，存在应收账款收不回来的情况，使企业的收支管理受到很大的影响。

②企业上下游之间信息传递不够及时。企业与上游供应商以及下游客户之间的信息交流不到位。首先，企业和供应商在信息传递上存在问题。缺少良好的信息沟通，供应商无法针对企业缺货的实际情况及时供应，导致企业存货周转率低，收支管理效率受到影响。其次，企业与客户的信息沟通也存在不顺畅现象。信息无法得到有效沟通，具体下游销售的财务信息不能准确地传递到企业管理层，企业不能及时对目前不断变化的市场环境做出快速反应，对产品需求无法做出有效判断，从而在企业采购、生产等环节无法做出正确且具体的规划，影响企业盈利。

③业务链顺序审核、逐级审批，审核过程时间较长。无论是销售收款业务还是采购付款业务，业务的开展都需要部门间一步一步向下审批。例如，采购申请流程，从申请部门发起人到申请部门主管，之后到采购部门及相关部门主管审批，再到财务部门审批，最后到最高权力者审核。由于上下级审批权限的界定，如果上一环节没有顺利通过，下一环节就很难继续下去。再加上完成一个标准业务流程至少要四个部门参与，顺序审核，整个流程办理下来繁琐冗长，效率难以得到保证。有些经费的支出金额较大，需审批的部门较多，如果某个环节出现问题，整个审核过程花费的时间就会增加。

（2）风险问题。

①存在超期收款、超期付款、错付现象。由于企业内部管理不完善、财务人员自身失误或外部因素导致未能按时收款、资金的错付、延迟付款造成信用损失，超出折扣期付款导致现金损失，对企业资金的管理和使用或信用造成一定影响。

②会计信息作假，业务信息可被篡改。会计作假的事件偶有发生，在采购环节中也存在着会计信息作假的情况，例如采购合同作假、虚构采购交易、存货不正当盘亏盘盈、相关凭证信息不准确等，这些情况严重影响了企业的正常利益，也加大了审计人员的工作量。与此同时，在目前"集中式账本"的记账模式下，容易产生信息不对称的风险，由此一方面可能会导致企业在涉及资金收付时面临财务损失，例如，未能发现客户在签发商业票据时存在欺诈行为；另一方面小部分员工利用信息不对称性篡改真实的业务信息，多报虚报。在企业内部信息化管理中，各项业务的信息存在可以被反审核、重新修改的现象，严重者有关信息不需要反审核就可以直接修改，这对于企业信息的维护来说是不利的。

③信息链逐步传递，校验时存在风险。收支信息按照业务的流转顺序而流转，在过长的流程链上逐步传递。不仅信息生成需要校验，信息传递也需要校验。为了防范信息传递中的错漏，信息一旦流转就存在对信息校验的需求，且传递过程中每一步都需校验。例如，在一个涉及四个相关方的业务环节中，信息至少要校验三次。缓慢的信息传递速度和校验工作使得时间成本上升，需要校验的话就会存在较大风险，也加大了收支管理的难度。

5.1.3　企业收支环节业财融合管理需求

企业收支管理问题分析见表 5.4 所示。

表 5.4　企业收支管理问题分析

类别	效率问题分析	风险问题分析
分析内容	基于区块链技术背景下，在业务审批方面： ①数据在区块链中呈分布式存储； ②区块链具有高透明度，信息公开可共享； ③业务的推动依赖于共识，各方协同作业避免管理决策偏差，迎合业财融合的需求	在信息校验方面： ①智能合约可防范收支风险，避免执行偏差； ②时间戳技术保证信息可追溯性，加密算法保证信息真实性； ③信息在区块链上的传递是同时的，信息生成即校验

1. 效率问题分析

基于区块链技术背景下，业务审批方面：

（1）数据在区块链中呈分布式存储。

由于区块链的分布式特性，链上的每个节点对存储的数据彼此共享、实时传递，这些数据组成的区块链直接形成了一个公共的总账。每个节点都可以看到最新的完整的账本，也能查询到账本上每一次交易。在与供应商或客户进行交易的过程中，交易信息实时更新，双方均可随时查询，整个过程的透明化很大程度上减少了对账的工作量，有助于企业管理和降低成本。

（2）区块链具有高透明度，信息公开可共享。

区块链是一个开放的、信息高度透明的系统，每个分布式的记录节点都保存了一份完整的数字账本，所有数据对其上每个节点都公开透明。企业与企业的上游供应商、下游客户各自存在于一个相对独立又相互关联的链条上，存储的数据不仅包括财务信息，也包括如采购信息等非财务信息，数据彼此共享、实时传递，确保信息传递渠道的畅通。这在一定程度上降低了信息不对称带来的风险，有利于企业站在市场全局的角度下，综合考虑外部环境信息和企业内部信息，做一个动态的收支管理，决策管理。对价值链进行管理，就是将业务流、资金流、信息流整合起来，而对这三条流进行有效整合的前提便是建立信息共享机制。

（3）业务的推动依赖于共识，各方协同作业避免管理决策偏差，迎合业财融合的需求。

在结合了区块链技术的条件下，对于具有紧密协同关系的业务，以多主体按照各自信息掌握情况形成共识机制。该共识机制部分替代会计当中的顺序审核和核查工作，同时对一项业务进行处理，使原来的"串联"业务变成"并联"业务，多方协同共同推进业务，避免管理决策偏差。与此同时，区块链技术是一种可以真正实现企业业财一体化的方式，因为在区块链技术中，业务的推动是基于共识的，在每一个业务推进过程当中，相关的财务人员也都参与了共识，例如采购活动中的制定采购计划，财务人员需要控制采购预算；在一些财务工作当中，业务人员也会参与进来，例如，发生销售收款业务和采购付款业务，业务人员需要核对收付款信息。业财一体化是真正融合在具体收支业务和经营过程当中，业务和财务人员共同形成共识并推进共识，达到了降低收支风险，提高收支效率的目的。

2. 风险问题分析

基于区块链技术背景下，在信息传递方面：

（1）智能合约可防范收支风险，避免执行偏差。

智能合约中收支标准的写入，可实现自动比对。例如，收款环节中，系统会把销售合同约定的收款日期写入程序中，设置合同临期、到期和过期时提醒出纳、通知客户付款或催收部门收款的功能。以合同为单位，系统将自动测试并将临期合同信息、到期合同信息或过期合同信息反馈给出纳。一旦数据入链，智能合约将使许多会计功能自动化，从而减少人为错误，避免了超期付款、错付的问题，保证按时收款。

（2）时间戳技术保证信息可追溯性，加密算法保证信息真实性。

为了修改一项记录，必须同时对分布式分类账的所有副本做出同样的修改，这几乎是不可行的。具有高安全性的非对称加密算法对区块链上的交易信息进行加密，并进行反复迭代加密形成树形结构，保证在费用发生、审核和存储过程中交易数据的真实有效，并能够对身份信息进行验证和标识，当加密的信息一经验证，各个节点进行全网广播之后形成区块，加上时间戳，信息便可追溯但不可篡改。每一个区块都带有时间戳和交易信息的哈希值，虚假的交易只要通过追溯检查即可发现端倪。而私自更改区块信息会导致本区块哈希值发生变动，区块间的哈希验证会报错，使更改失败。因此，虚构销售交易、采购合同作假、相关凭证信息不准确等情况将大大减少，财务信息的真实性和可靠性大大提高。

（3）信息在区块链上的传递是同时的，信息生成即校验。

发起方在区块链上将信息广播给各节点后，各方节点同时接收到信息，并根据所掌握的内容对信息进行同步的校验共识，可以大大减少信息传递时间。业务的推动是基于共识的，信息的产生也是基于共识的。区块链上的信息是在全部相关方进行共识当中生成的，而不是某个人在做某一项审核工作时单独生成信息。而信息校验与信息生成是同步的，信息在生成时即经过相关校验方的校验。信息不再需要逐步传递，也就不再需要逐步校验，此时就将信息校验风险规避了。

5.2 共识参与方设计

5.2.1 收支参与各方职能综述

组织是 Fabric 中一个非常重要的概念，通常是指具有承担数据可信责任的区块链系统参与方，同一组织中包括不同的功能节点。Fabric 中的组织在现实世界中可以是一个公司，或者一个协会。本书所定义的组织是指完成某一笔业务所涉及的相关人员，这些组织含有在区块链网络里完成各种功能的节点，比如确认节点、记账节点、背书节点等。在正式使用时，这些节点会被分布在不同的服务器上，共同承担着对账本的维护工作。这些组织共同承担了某个企业的角色，如供应商、客户，或某个企业中的某部门人员的相应职能，如会计、出纳等职能。

在企业收支管理流程中，收款以及从计划管理到契约管理再到付款是由多个相关人员协助完成，包括具体业务人员、采购人员、会计人员、特批领导、供应商、出纳、销售人员和客户。依据各人员在区块链网络里的职能不同，设置八个组织：业务人员组织、采购人员组织、会计人员组织、特批领导组织、供应商组织、出纳组织、销售人员组织和客户组织，企业以这八个组织来参与到区块链账本的共识和维护，这八个组织具体的职能如下文所述。

5.2.2 业务人员组织

1. 业务人员组织含义

业务人员组织是指产生采购业务需求的部门人员，可能是生产人员也可能是销售人员，具体视实际业务情况而定。业务人员组织是负责维护计划管理业务的相关交易账本的组织，需要完成在产生采购业务需求时发起计划管理申请任务，对相关信息进行背书并记录到账本中。某个主体对其发起的业务首先进行背书，而后等待其他协同各方背书确认，待相关主体全部背书确认后，业财共识得以达成。

2. 业务人员组织功能

（1）业务功能。

①发起计划管理业务：依据采购业务需要向采购人员和会计人员发起采购计划申请的业务。

②查询业务：依据每笔业务编号或关键字能够查询到相关业务的具体信息和历史信息。

（2）背书功能。

计划管理业务背书：业务人员能够对达成一致的计划管理业务的发起信息进行背书确认，对不能达成一致的计划管理信息拒绝背书确认。

（3）记账功能。

计划管理业务记账：业务人员能够真实完整地记录计划管理业务的发起信息、完成信息和失败信息。

5.2.3 采购人员组织

1. 采购人员组织含义

采购人员组织是负责维护计划管理业务、契约管理业务、特批业务、付款业务的相关交易账本的组织，需要完成核对审查采购申请单相关信息、签订采购合同时发起契约管理申请、协助确认付款金额等任务，对相关信息进行背书并记录到账本中。

2. 采购人员组织功能

（1）业务功能。

①发起契约管理业务：依据实际业务需求向会计人员和供应商发起契约签订信息检验的业务。

②发起特批业务：当资金预算或支出金额超过限额时，依据实际发生的各项费用支出需求向会计人员和特批领导发起支出特批的业务。

③查询业务：依据每笔业务的业务编号或关键字能够查询到相关业务的具体信息和历史信息。

（2）背书功能。

采购人员能够对达成一致的计划管理业务、契约管理业务、特批业务及付款业务的发起信息进行背书确认，对不能达成一致的相关信息拒绝背书确认。

（3）记账功能。

①采购人员能够真实完整地记录计划管理业务、契约管理业务及特批业务的发起信息、完成信息和失败信息。

②采购人员能够真实完整地记录上述各项业务的发起、完成对实现共识的相关信息上链。

5.2.4 会计人员组织

1. 会计人员组织含义

会计人员组织是负责维护计划管理业务、契约管理业务和特批业务的相关交易账本的组织，需要完成对采购申请单的审批及采购合同的审核等任务，对相关信息进行背书并记录到账本中。

2. 会计人员组织功能

（1）业务功能。

查询业务：依据每笔业务编号或关键字能够查询到相关业务的具体信息和历史信息。

（2）背书功能。

会计人员能够对达成一致的计划管理业务、契约管理业务、特批业务的发起信息进行背书确认，对不能达成一致的相关信息拒绝背书确认。

（3）记账功能。

①计划管理业务记账：会计人员能够真实完整地记录计划管理业务、契约管理业务、特批业务的发起信息、完成信息和失败信息。

②会计人员能够真实完整地记录上述各项业务的发起、完成对实现共识的相关信息上链。

5.2.5 特批领导组织

1. 特批领导组织含义

特批领导组织是负责维护特批业务的相关交易账本的组织，需要完成对支出预算或费用支出超出限额的事项进行审批等任务，对相关信息进行背书并记录到账本中。

2. 特批领导组织功能

（1）业务功能。

查询业务：依据每笔业务编号或关键字能够查询到相关业务的具体信息和历史信息。

（2）背书功能。

特批业务背书：特批领导能够对达成一致的特批业务的发起信息进行背书确认，对不能达成一致的特批信息拒绝背书确认。

（3）记账功能。

特批业务记账：特批领导能够真实完整地记录特批业务的发起信息、完成信息和失败信息。

5.2.6 供应商组织

1. 供应商组织含义

供应商组织是负责维护契约管理业务和付款业务的相关交易账本的组织，需要完成对采购合同、出纳付款的审核等任务，对相关信息进行背书并记录到账本中。

2. 供应商组织功能

（1）业务功能。

查询业务：依据每笔业务编号或关键字能够查询到相关业务的具体信息和历史信息。

（2）背书功能。

供应商能够对达成一致的契约管理业务和付款业务的发起信息进行背书确认，对不能达成一致的相关信息拒绝背书确认。

（3）记账功能。

供应商能够真实完整地记录契约管理业务和付款业务的发起信息、完成信息和失败信息。

5.2.7　出纳组织

1. 出纳组织含义

出纳组织是负责维护付款业务和收款确认业务的相关交易账本的组织，需要完成发起销售收款请求、采购付款请求等任务，对相关信息进行背书并记录到账本中。

2. 出纳组织功能

（1）业务功能。

①出纳组织在收到客户付款通知时发起收款确认业务，而后依据合同在临近付款日期收到系统的请求付款通知后发起付款的业务。

②查询业务：依据每笔业务编号或关键字能够查询到相关业务的具体信息和历史信息。

（2）背书功能。

出纳能够对达成一致的收付款业务的发起信息进行背书确认，对不能达成一致的信息拒绝背书确认。

（3）记账功能。

出纳能够真实完整地记录收付款业务的发起信息、完成信息和失败信息。

5.2.8　销售人员组织

1. 销售人员组织含义

销售人员组织是负责维护收款确认业务的相关交易账本的组织，需要完成依据销售合同对收款确认业务中的收款金额以及货款结算方式等具体内容进行审核等任务，对相关信息进行背书并记录到账本中。

2. 销售人员组织功能

（1）业务功能。

查询业务：依据每笔业务编号或关键字能够查询到相关业务的具体信

息和历史信息。

（2）背书功能。

销售人员能够对达成一致的收款确认业务的发起信息进行背书确认，对不能达成一致的收款信息拒绝背书确认。

（3）记账功能。

销售人员能够真实完整地记录收款确认业务的发起信息、完成信息和失败信息。

5.2.9　客户组织

1. 客户组织含义

客户组织是负责维护收款确认业务的相关交易账本的组织，需要完成依据销售合同以及货物送达情况，对收款金额进行确认等任务，对相关信息进行背书并记录到账本中。

2. 客户组织功能

（1）业务功能。

查询业务：依据每笔业务编号或关键字能够查询到相关业务的具体信息和历史信息。

（2）背书功能。

收款确认业务背书：客户能够对达成一致的收款确认业务的发起信息进行背书确认，对不能达成一致的收款信息拒绝背书确认。

（3）记账功能。

收款确认业务记账：客户能够真实完整地记录收款确认业务的发起信息、完成信息和失败信息。

5.3 业务流程设计

5.3.1 业务流程设计总述

上述 5.2 节对共识参与各方的职能进行叙述，以下分别对收支业务进行流程设计。Fabric 中，每个组织都拥有自己单独的账本，业务的发起方负责发起共识，业务的参与方负责校验，所有组织通过对每笔业务的背书确认来共同负责相应业务的账本维护。依据此业务逻辑结构，确定业务流程设计原则：将区块链技术应用到收支流程，要充分体现其部分去中心化、可追溯、真实性等特征。每一笔业务需要相关主体达成一致判断才能向前推进；业务权限尽可能下放给各个部门，减少主管、经理的审批流程；各部门应该体现出等级相同的状态，对一笔业务的进行要做到各部门人员同时审批，减少部门间的级级审批；尽量保证每一笔业务的进行都有着不同的部门人员参与其中，特别是财务人员，保障业务信息的真实有效和业务财务的双向融合。

5.3.2 收入环节业务流程设计

收入环节由收款确认业务一个子业务组成。发运部门交货后即产生收款权力，同时系统会把销售合同约定的收款日期写入程序中，设置合同临期、到期和过期时提醒出纳通知客户付款或催收部门收款的功能。根据新收入准则的规定，企业只有在将合同中的履约义务履行完毕，也就是说客户对相关商品的控制权取得时确认收入。因此，企业在完成发货任务后，销售部门在取得客户的签收单或验收单后，就完成了控制权的转移，履约进度完成，此时企业财务部门应当对履约进度进行确认，同时确认相应的收款权力，结转相应的成本。在该环节中，业务在完成流转的过程中，财务同时完成了收款权力的确认，将财务管理应用到了业务运行环节。以合同为单位，系统将自动测试并将临期合同信息、到期合同信息或过期合同信息反馈给出纳。对于临期和到期合同，出纳提醒客户付款；对于过期合同，出纳通知催收部门进行催收；针对有现金折扣条件的合同，销售部也可在此流程对客户享受的现金折扣信息进行提示，以便尽早收回货款。当客户实际付款时，出纳依据收款权力进行收款确认，发起收款确认共识。

因此在收款确认业务中，出纳、销售部门、客户三个组织共同负责收款确认业务账本的维护工作。各个组织共同针对收款确认请求中的具体信息进行审批，以其他信息默认同意的方式进行背书确认。出纳在收到客户付款通知后发起收款确认请求，请求信息包括收款日期、收款金额及货款结算方式等，并将此信息发送给销售人员和客户，各组织将收款确认信息数据与临时账本中的数据进行比对。

出纳作为发起方对收款金额是否与客户所支付的货款一致进行确认，并判断累计收款金额与合同金额是否一致，同时对收款确认信息的全部内容背书通过；销售人员依据销售环节的收款权力共识所形成的收款权力，核对本次收款金额、累计收款金额、合同金额以及货款结算方式等收款信息是否正确，审批通过则同意背书，其他信息默认同意；客户依据销售合同以及货物送达情况，对本次收款金额、累计收款金额进行确认，审批通过则同意背书，其他信息默认同意。所有组织背书通过后将收款确认初始化信息写入区块链账本。具体流程如图 5.1 所示。

当出纳背书节点在比较累计收款金额与合同金额时，如果累计金额等于合同金额，则将该销售合同转为已完成状态；如果累计金额小于合同金额，则会在每次发生收款时按照上述流程进行收款确认业务，直至累计收款金额与合同金额相等。

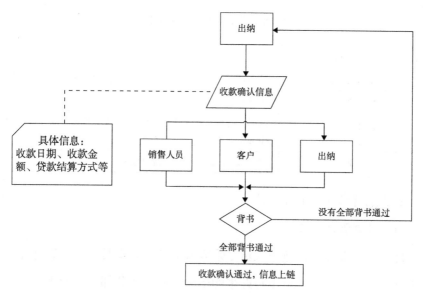

图 5.1　收款确认业务流程

如果因产品质量等原因发生销售退货，此时收款权力是负权力，应转为支出环节进行退款，但相关节点与流程不变。由于该环节涉及收款或付款，所以需进行会计上的账务处理。由财务人员在私有链上的财务管理平台进行账务处理，即财务管理平台自动地根据此笔业务信息生成相关的账务核算处理。

5.3.3 支出环节业务流程设计

1. 支出环节业务流程设计概述

以发生采购业务支出为例，支出环节由四个子业务组成，分别是：计划管理业务、契约管理业务、特批业务和付款业务。关键环节包含关键业务，关键业务关注关键信息，关键信息具体化为关键参数，支出环节业务流程概述如表 5.5 所示：

表5.5　支出环节业务流程概述

支出环节子业务	含义
计划管理业务	业务部门产生采购需求，制订采购计划并报批的业务
契约管理业务	与供应商签订采购合同的业务
特批业务	当某些业务信息超过规定标准或相关节点审核权限，需经特批领导审批的业务
付款业务	与供应商签订合同后实际付款的业务

2. 支出环节业务流程设计

（1）计划管理业务。

计划管理业务中，业务人员、采购人员和会计人员对计划管理业务的账本进行维护。业务人员填写好采购申请单并经业务部门领导审核后不再依照采购人员、会计人员的顺序审批，而是以各个部门人员同时对采购信息中涉及各自职能的内容进行审批，以其他信息默认同意的方式进行背书确认。业务人员在收到经业务部门领导审核完毕的采购申请单后发起计划管理请求，请求信息包括采购事由、采购内容、采购地点、采购时间、支出预算等，并将此信息发送给采购人员和会计人员，各组织将计划管理信息数据与临时账本中的数据进行比对。

业务人员作为发起方对采购申请单进行核验，同时对计划管理信息的全部内容背书通过；采购人员依据企业采购管理制度，对采购申请单的内容进行核对，检查是否有超出范围和限额的原材料品种和数量，并根据库存情况核查采购数量；检查申请单是否按规定填写完整、清楚，确认采购申请是否得到业务部门领导批准。审批通过则同意背书，其他信息默认同意。会计人员依据预算管理制度对部门资金预算信息进行审批；依据企业银行账户信息（或库存现金信息）判断资金是否充足，并作为契约管理业务的对照依据。审批通过则同意背书，其他信息默认同意。

所有组织背书通过后将计划管理初始化信息写入区块链账本。具体流程如图 5.2 所示。

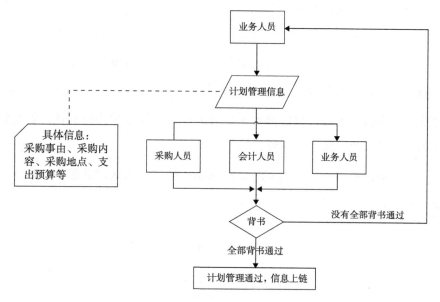

图 5.2　计划管理业务流程

如果采购人员审批权限不足，或采购申请单中的资金预算超过会计人员审核的人员限额或部门限额，则需执行经特批领导审批的特批机制。

（2）契约管理业务。

契约管理业务中，采购人员、会计人员和供应商对契约管理业务的账本进行维护。采购计划审批完成后，采购人员开展采购业务，与供应商签订采购契约的过程中会计人员和供应商共同对合同中的各项具体信息进行检验，以其他信息默认同意的方式进行背书确认。

采购人员在拟写完成采购合同后发起契约管理请求，请求信息包括采购事由、采购内容、采购地点、采购时间、采购的各项支出金额、付款方式及付款日期等，并将此信息发送给会计人员和供应商，各组织将契约管理信息数据与临时账本中的数据进行比对。

采购人员作为发起方对契约内容进行核验，同时对契约管理信息的全部内容背书通过。会计人员依据采购申请单和企业资金收支管理制度，以及采购业务相关文件如采购合同、发票，判断费用支出事项是否合规，各项支出凭证是否真实、合法、齐全；依据企业预算管理制度和企业银行账户信息（或库存现金信息）对发票信息进行审批，资金是否充足，对支出金额进行审批；依据企业财务政策为标准对申请信息中的最晚付款日期、付款方式进行审批等。供应商对采购合同中的具体条款进行确认，如交货日期、付款方式、各方的责权利等。

所有组织背书通过后将契约管理初始化信息写入区块链账本。具体流程如图 5.3 所示。

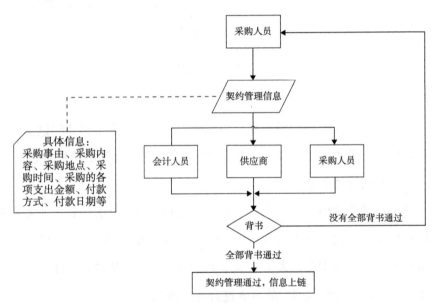

图 5.3　契约管理业务流程

如果因为某些原因导致契约管理过程中需要对合同信息进行修改，采购人员在确定修改信息后再次发起契约管理请求。采购人员对契约管理信息的全部内容背书通过，并对修改后的合同进行核验；会计人员对修改后的支出事项的金额是否违反财务原则、资金是否充足、票据是否真实完整等进行审核；供应商对修改后的合同条款进行确认。

如果采购业务支出总金额超过会计人员审核的人员限额或部门限额，则需执行经特批领导审批的特批机制。

（3）特批业务。

计划管理业务和契约管理业务中均存在特批机制。在智能合约中可提前设定好各支出标准的上限，当提交采购申请单或采购合同时会将相关支出金额与限额自动比对。如果未超过限额，则按照原业务流程正常进行；如果超过限额，仍先在原业务流程通道中正常进行审核，相关节点拒绝背书后，业务人员或采购人员可选择重新填写申请信息，按照可支出的标准调整后再次提交申请，或选择转入特批流程。

特批业务中，采购人员、会计人员和特批领导对特批业务的账本进行维护。提交采购计划或签订契约时以采购人员、会计人员和特批领导共同对超标的支出信息进行检验，以其他信息默认同意的方式进行背书确认。

采购人员在收到采购申请单或确立采购合同后发起特批请求，请求信息包括超标原因、采购事由、采购内容、采购地点、采购时间、采购的各项支出金额、付款方式及付款日期等，并将此信息发送给会计人员和特批领导，各组织将特批信息数据与临时账本中的数据进行比对。

采购人员作为发起方对申请单或合同进行核验，同时对特批信息的全部内容背书通过；会计人员负责财务审批，审批通过则同意背书，其他信息默认同意；特批领导对业务的合规性、支出金额的超标原因、费用的标准性及合理性进行审批。

所有组织背书通过后将特批初始化信息写入区块链账本。具体流程如图 5.4 所示。

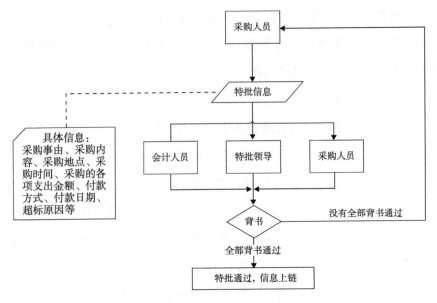

图 5.4　特批业务流程设计图

（4）付款业务。

签订采购契约后系统会把采购合同约定的付款日期写入程序中，设置合同临期、到期和过期时提醒出纳付款的功能。以合同为单位，系统将自动测试并将临期合同信息、到期合同信息或过期合同信息反馈给出纳，监督并提醒出纳按期付款。

付款业务中，出纳、采购人员和供应商对付款业务的账本进行维护。契约管理业务完成后应按照合同约定进行付款，出纳、采购人员和供应商共同对付款信息进行确认及审核，以其他信息默认同意的方式进行背书确认。

出纳在临近付款日期收到系统的请求付款通知后发起付款请求，请求信息包括采购业务的付款时间、付款金额、付款方式等，并将此信息发送给采购人员和供应商，各组织将付款信息数据与临时账本中的数据进行比对。

出纳作为发起方对付款金额是否与应付供应商的货款一致进行确认，同时对付款信息的全部内容背书通过。采购人员审核出纳工作，依据采购合同复核付款金额是否正确。审批通过则同意背书，其他信息默认同意。

供应商对付款金额与应收到的金额是否一致进行确认。

　　所有组织背书通过后将付款初始化信息写入区块链账本。具体流程如图 5.5 所示：

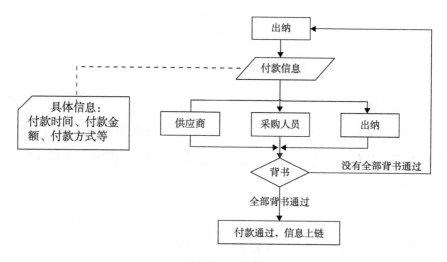

图 5.5　付款业务流程设计图

　　由于该环节涉及付款，需由财务人员在私有链上的财务管理平台进行账务处理操作，平台自动地根据此笔业务信息生成相关的账务核算处理。

5.3.4　收支管理环节整体业务流程结构

1. 收入环节

　　收入环节由收款确认业务一个子业务组成，收款确认业务是指发生销售收款，产生收款权力后的实际收款业务。其与销售模块的收款业务相对应，由相关的组织构成整体业务流程，如图 5.6 所示。

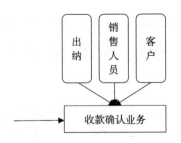

图 5.6 收入环节整体业务流程

2. 支出环节

支出环节由四个子业务组成，分别是：计划管理业务、契约管理业务、特批业务和付款业务，每个子业务由相关的组织构成整体业务流程，如图 5.7 所示。

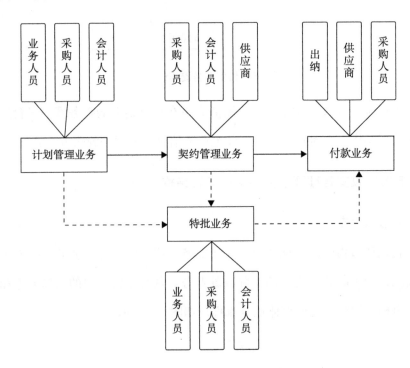

图 5.7 支出环节整体业务流程

5.4　业务与共识参数设计

5.4.1　业务与共识数据参数设计总述

基于区块链业财融合背景下，结合上述 5.3 节的业务流程设计，根据相关的关键业务流程，分别总结了在收支业务推进过程中需要关注的变量参数，这些参数将为下节共识机制的构建和运行的过程当中，各节点进行决策和判断是否能够达成共识提供信息使用。收支环节包括三个参数设计：收款确认业务数据参数设计、付款业务数据参数设计、组织数据参数设计。各参数信息如表 5.6 所示。

表 5.6　收支环节业务参数明细

类别	业务类型及组织	收款确认业务	付款业务	组织
基本信息	本业务 ID	√	√	√
	本业务时间戳	√	√	√
	业务创建时间	√	√	√
	组织修改时间			√
	组织域名			√
	组织状态			√
其他属性信息	计划管理业务 ID		√	
	契约管理业务 ID		√	
	特批业务 ID		√	
	销售人员 ID	√		
	付款人员 ID			
	业务人员 ID		√	
	采购人员 ID		√	
	使用部门		√	
	收款方式	√	√	
	付款方式		√	
	收款金额	√		

类别	业务类型及组织	收款确认业务	付款业务	组织
其他属性信息	累计收款金额	√		
	付款金额		√	
	合同金额	√		
	收款日期	√		
	付款日期		√	
	付款内容		√	
	收款金额与相关单据的符合情况	√		
	付款金额与相关单据的符合情况		√	
	收款账户		√	
	付款账户			
	收款状态	√		
	付款状态		√	
	其他信息及备注	√	√	√

5.4.2 收款确认业务数据参数设计

收款确认业务的数据信息要体现出本业务对应的收款编号、时间戳和收款信息。因此，收款确认业务数据中涵盖的本业务的数据信息包括了本业务的编号，即收款确认业务 ID；本业务的时间戳，即收款确认业务创建时间；销售人员 ID、收款金额、累计收款金额、合同金额、收款方式、收款日期、收款金额与相关单据的符合情况、收款状态、其他收款确认业务信息及备注。

5.4.3 付款业务数据参数设计

付款业务的数据信息除了要体现出本业务对应的付款编号、时间戳和付款信息，还要包含对应的计划管理业务编号、契约管理业务编号和特批业务编号，这样可以使得有关联性的各项业务彼此能够根据编号查询到对应的信息。

因此，付款业务数据中涵盖的本业务的数据信息包括了本业务的编号，即付款业务 ID；本业务的时间戳，即付款业务创建时间；本业务的各项属性信息，业务人员 ID、采购人员 ID、使用部门、付款日期、付款金额、付款内容、付款方式、付款金额与相关单据的符合情况、付款账户、付款状态、其他付款业务信息及备注。

此外，采购计划审批完成后采购人员开展采购业务，与供应商签订采购契约的过程中以会计人员和供应商共同对合同中的各项具体信息进行检验并完成背书确认，且计划管理业务和契约管理业务中均存在特批机制，即对应的计划管理业务 ID、对应的契约管理业务 ID、对应的特批业务 ID。

5.4.4　组织数据参数设计

组织数据参数信息是组织的各项基本信息，主要用来识别和维护各个组织。因此，组织数据中涵盖的本业务的数据信息包括了本业务的编号，即组织名称、组织 ID、组织域名；本业务的时间戳，即组织创建时间、组织修改时间；组织状态、组织其他信息及备注。

5.5　共识方案设计

5.5.1　共识方案设计总述

共识机制是确定达成某种共识和维护共识的方式。新型智慧企业建设的核心是实现财务与业务一体化，共识机制融合在具体收支业务中，使得业务和财务人员共同形成共识并推进共识，提升企业管理水平。共识机制本质上就是一些规则，是经过所有参与方共同决定的，在区块链中所有节点通过达成共识来处理和记录交易信息。目前，主要的共识机制有工作量证明机制（PoW）、权益证明机制（PoS）、股份授权证明机制（DPoS）等，但是这几种共识机制都有着明显的应用场景限制——应用于公有链，因此它们还不能很好地应用于企业的共识机制设计。由于在联盟链和私有链的设计中可以自行设计共识机制，考虑到企业真实的运作原理，一项业务的完成一定是经过了涉及所有部门或人员的同意才得以进行，所以本书采用全共识机制在企业联盟链上来完成相关业务的处理，即每一笔业务的发起都要经过涉及这笔业务的所有组织的背书节点的背书同意才可以进行，以此来说明收支环节的各业务流程是如何进行共识的。

5.5.2 收支管理环节具体业务共识机制设计

1. 收入环节具体业务共识机制设计

收款确认业务，此通道由销售人员组织、客户组织和出纳组织中的背书节点及确认节点构成，同时所有节点均具有记账功能。在全共识机制中，必须经过通道中全部背书节点的一致同意才能将收款确认信息中的收款确认初始化信息、收款确认变更信息、收款确认完成信息等记入区块链账本。详细流程如图 5.8 所示。

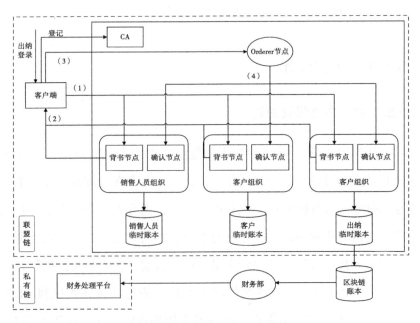

图 5.8　收款确认业务共识流程

2. 支出环节具体业务共识机制设计

（1）计划管理业务共识机制设计。

此通道由采购人员组织、会计人员组织和业务人员组织中的背书节点及确认节点构成，同时所有节点均具有记账功能。在全共识机制中，必须经过通道中全部背书节点的一致同意才能将计划管理信息中的计划管理初始化信息、计划管理变更信息、计划管理完成信息等记入区块链账本。详细流程如图 5.9 所示。

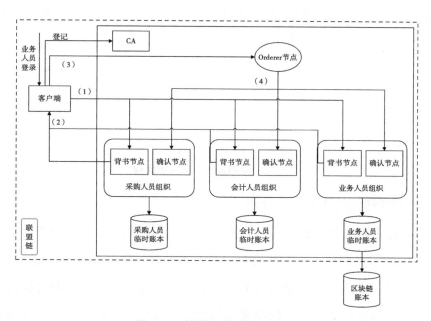

图 5.9　计划管理业务共识流程

（2）契约管理业务共识机制设计。

此通道由会计人员组织、供应商组织和采购人员组织中的背书节点及确认节点构成，同时所有节点均具有记账功能。在全共识机制中，必须经过通道中全部背书节点的一致同意才能将契约管理信息中的契约管理初始化信息、契约管理变更信息、契约管理完成信息等记入区块链账本。详细流程如图 5.10 所示。

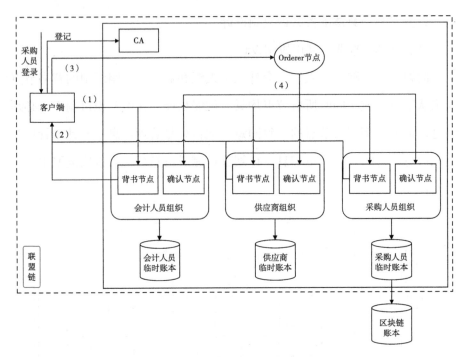

图 5.10 契约管理业务共识流程

（3）特批业务共识机制设计。

此通道由会计人员组织、特批领导组织和采购人员组织中的背书节点及确认节点构成，同时所有节点均具有记账功能。在全共识机制中，必须经过通道中全部背书节点的一致同意才能将特批信息中的特批初始化信息、特批变更信息、特批完成信息等记入区块链账本。详细流程如图 5.11 所示。

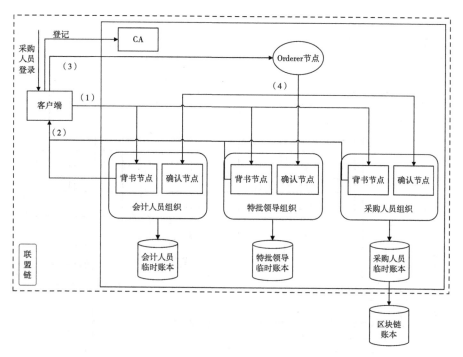

图 5.11　特批业务共识流程

（4）付款业务共识机制设计。

此通道由供应商组织、采购人员组织和出纳组织中的背书节点及确认节点构成，同时所有节点均具有记账功能。在全共识机制中，必须经过通道中全部背书节点的一致同意才能将付款信息中的付款初始化信息、付款变更信息、付款完成信息等记入区块链账本。详细流程如图 5.12 所示。

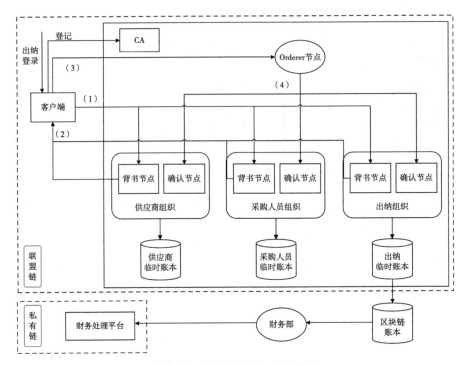

图 5.12　付款管理业务共识流程

5.5.3　业财融合背景下的收支管理环节整体共识结构

上述 5.5.2 节分别对收支管理的各个子业务进行了共识机制设计，下图 5.13 和图 5.14 分别为收支环节的整体共识结构。共识发起的节点登录客户端，提交相应交易提案发送给其他相关节点，全部同意背书后经过区块验证，完成共识。当前一个业务共识流程结束后，紧接着继续进行下一个共识，以此类推直至该业务完全结束。在此过程中，不断产生的交易数据会计入区块链账本中，各相关节点可以同时查询和使用所需信息。相关交易信息计入区块链账本后，由财务人员在企业内部私有链上的账务管理平台进行账务处理，即自动根据此笔业务信息生成相关的账务处理。

1.收入环节整体共识结构

收入环节业务流程设计结构是企业内部私有链和企业与外部主体联

盟链的融合设计，联盟链包含企业的出纳、销售人员和客户等有限的第三方，企业完成发货任务后，销售人员在取得客户的签收单或验收单后，就完成了控制权的转移，履约进度完成，与此同时，企业出纳对履约进度进行确认，同时确认相应的收款权力，结转相应的成本，而后在私有链网络中进行相关账务处理。详细流程如图 5.13 所示。

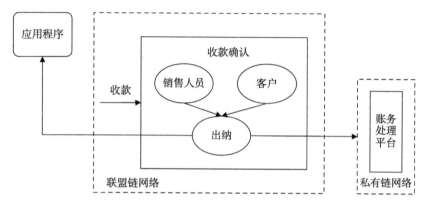

图 5.13　收入环节整体共识结构

2. 支出环节整体共识结构

支出环节由四个子业务组成，分别是：计划管理业务、契约管理业务、特批业务和付款业务。业务人员将业务部门领导审核完毕的采购申请单进行核验，同时对计划管理信息全部内容背书通过，而后采购人员依据企业采购管理制度，对采购申请单的内容进行核对；会计人员依据预算管理制度对资金预算信息进行审批，而后背书通过；计划管理审批完成后采购人员开展采购业务，企业采购人员与供应商签订采购契约的同时，会计人员和供应商共同对合同中的各项具体信息进行核验；契约管理业务完成后财务部门按照合同约定进行付款，出纳、采购人员和供应商共同对付款信息进行确认及审核，背书通过，而后企业财务部门在私有链网络进行相关账务处理流程。详细流程如图 5.14 所示。

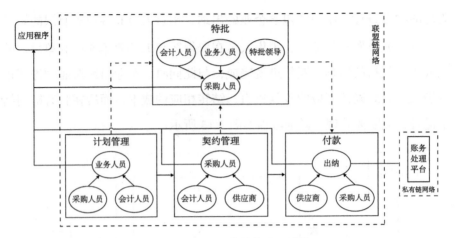

图 5.14 支出环节整体共识结构

第6章　基于共识机制的企业价值链通证管理体系设计

6.1 基于共识机制的企业价值链各环节增值量化方案

6.1.1 总体方案设计

企业的经营管理过程可以视为采购、生产、销售、收支等一系列业务环节的集合体。本书前述各章分别对销售、生产、采购及收支环节的管理流程进行了分解与汇总，并建立了价值标准的基础，接下来需要对价值链上的各环节进行"打分"，即量化各环节的价值增值。价值链管理将企业日常经营活动看作一个由一系列作业组成的集合体，作业既会消耗资源也会产生价值。企业内部与供应商、客户之间形成一条由内及外、由上至下的作业链，随着作业的推移，价值也随之转移。通证即权益，是各个作业所做贡献的量化结果。通证的目标是定量化，而源头则是作业的价值。因此，本章将四大环节下的各业务分别视为一项作业，识别每项作业关键价值活动，将各项作业产生的价值指标化，使得对价值链管理有一个定量化的依据。

一个企业的总价值主要涉及价值链上的活动和企业的利润两个方面，价值活动是企业正常运转过程所涉及的一系列活动，企业的价值活动共同创造了企业的利润。分析企业经营利润与营业利润产生的过程，也就是分析四大环节流程中的价值增值过程。因此，本章以企业经营利润或营业利润来衡量企业整体的价值增值。

6.1.2 基于共识机制的销售环节价值增值量化方案设计

企业在经营管理过程中创造价值增值的过程就是实现营业利润的过程，因此本节采用营业利润指标来衡量企业的价值增值。同时，将销售环节内部的订立销售合同、供货能力测试以及确认履约进度与收款权利分别视为一项作业，设定具体的价值增值分配如下：

1. 第一层次：将企业实现的整体价值增值分配到各项经营管理业务中

本章以各项经营管理业务对企业总体的价值增值贡献为依据，选取合适的代理指标对企业营业利润进行分配。马克思的劳动价值论指出创造价值的劳动是活劳动，是唯一的价值源泉。因此，在第一层次分配中，本章以销售、生产、采购、收支等各项业务活动的劳动价值贡献为基础对企业的营业利润进行分配。例如，销售业务环节的价值贡献是支撑销售计划的实现，完成企业预设的销售目标。因此，本章以此为分配依据，按照销售作业所占的贡献率对企业营业利润进行分配。

2. 第二层次：将经营管理各项业务活动的价值分配到各个共识作业中

本章研究的是企业销售环节的价值增值量化，在此仅仅考虑销售业务链条内部的增值量化问题，其他经营业务链条内部的价值分配不做讨论。值得说明的是本章设计的销售环节中的供货能力测试业务是由智能合约自动实现的，对于由系统自动执行的作业，不含有劳动价值，因此本章不对其进行价值量化的分配，仅对订立销售合同以及确认履约进度与收款权利两个共识作业进行第二层次的分配。同样以各项共识作业的劳动价值为基准，提炼相关代理指标，将分配到销售业务流程中的营业利润分配到各项内部共识作业中。

从劳动价值论角度说，企业销售业务的价值贡献是在特定会计期间为客户提供一定数量、价格、种类、品质的产品及服务，支撑销售计划的实现。假设销售计划是基于动态调整之后的合理销售计划，即销售计划会根据政策、环境、实际销售订单数量、生产计划等做相应的动态调整，保证销售计划的合理性。企业销售业务中的订立销售合同作业共识是支撑销售计划实现的主体作业共识，通过分析订立销售合同作业与销售计划之间的时间偏差、数量偏差、价格偏差、种类偏差以及品质偏差，提炼出有关代理指标,实现营业利润在该作业中的二次分配;确认履约进度与收款权利作业的价值贡献是明确相应的履约进度与收款权利,同样也要分析确认履约进度与收款权利与企业销售计划的时间偏差、数量偏差、价格偏差、种类偏差与品质偏差,提炼出相关代理指标,实现营业利润在该作业中的二次分配。值得说明的是,前文提到的品质偏差主要针对产品等级优劣方面存在的差异,一般产品等级包括优等品、一等品和合格品。有关销售环节第二层次的营业利润具体分配情况如表 6.1 所示。

表 6.1　销售环节第二层次价值增值量化依据

名称	价值贡献	代理指标	与销售计划对比偏差
订立销售合同	支撑销售计划的实现	①订立销售合同中的时间是否在销售计划要求的期间中;②订立销售合同中的数量是否符合销售计划中的数量要求;③订立销售合同中的价格是否符合商品价目表、相关折扣信用要求以及销售计划中的价格要求;④订立销售合同中的种类是否符合销售计划;⑤订立销售合同中的规格品质等级是否符合销售计划的品质等级要求	时间偏差、数量偏差、价格偏差、种类偏差与品质偏差
确认履约进度与收款权利	明确确认履约进度与收款权利	①确认履约进度与收款权利是否及时确认,有无延迟,是否符合销售计划的期间任务;②收款权利金额是否和销售合同、销售计划相匹配;③确认履约进度与收款权利的产品数量、种类和品质是否和销售计划相匹配	时间偏差、数量偏差、价格偏差、种类偏差与品质偏差

3. 第三层次:以各共识作业为中心,将共识实现的价值增值分配到各个组织管理部门中

各共识作业的达成是由部门间相互协作完成的,这需要部门人员耗费一定的工时,此外共识作业的达成也具有一定的技术含量。因此,在第三层次的营业利润分配中,本章以耗费的工时成本、技术含量为基准,将订立销售合同以及确认履约进度与收款权利两项作业共识中的营业利润再分配到相应的组织部门中,以此进行量化。其中,工时成本 = 工时耗费 × 单位工时价格;技术含量以相关部门工作需要的人员职级、职称、部门职

能人员社会平均工资等确定。

6.1.3　基于共识机制的生产环节价值增值量化方案设计

生产管理下的各项业务分别视为一项作业，设定具体的价值增值分配如下：

1. 第一层次：将企业总体价值增值分配到内部各个模块

生产模块的总体职责是在特定会计期间提供特定种类、品质的商品，其数量、成本是否符合相关计划，生产模块依据的指标并非实际的生产产值或者物料成本等，而是选取生产模块的人工劳动价值贡献参与分配，具体需要考虑以下两方面：

（1）生产计划与销售计划是否相符。

（2）实际生产与生产计划是否相符。（注：①因本书实际生产这一作业并没有涉及共识，所以以生产前端的领料和后端的验收入库这两个作业的共识来表征；②前文所述生产计划及销售计划均为实时动态调整且合理的计划；③除生产外的其他模块指标选取不做详细阐述）

2. 第二层次：将生产模块价值增值分配到内部各个作业

企业的种种作业相互联系在一起，形成了"作业链"；同时，由作业活动所产生的价值从一个作业转移到下一个作业，形成了所谓的"价值链"。第二层次将计划与安排生产、领料、验收入库、发出产品这四项业务看成四项作业分别进行价值贡献分析，并将生产模块价值增值分配到内部各个作业中。因领料之后实际进行生产的这一动作环节不是按照共识达成的，所以此处没有单独设置生产这一作业，但后续的价值定量及分摊均将其成本发生考虑在内。在进行第二层次分配时依据的是各作业所做出的价值贡献，其总体关注的指标为时间、数量、品质、种类、价格。通过对各作业价值贡献分析选取的指标如表 6.2 所示。

表6.2 生产环节第二层次价值增值量化依据

作业	价值贡献	代理指标	对比偏差
计划与安排生产	价值体现在生产计划制定的适当性，即生产是否可以满足销售需求，生产过程中的所有安排是否可以合理达到生产的目的	①生产计划中的生产期限是否满足销售计划及安全库存的要求；②生产计划中产品的数量、质量、品种是否满足销售计划；③生产计划中的原材料成本是否符合成本效益原则	时间偏差、数量偏差、品质偏差、种类偏差、价格偏差
领料	价值体现在领料的内容及领料的成果，即在一定时间内领取一定数量、质量且成本控制合理的原材料	①领取的原材料数量、质量、品种是否能够满足一定时期的连续生产；②领取的原材料的成本是否符合生产计划中的成本要求	时间偏差、数量偏差、品质偏差、种类偏差、价格偏差
验收入库	价值体现在质检水平的高低，即在一定时间内验收一定数量、质量、成本控制合理且核算清晰的产成品	①入库的产品数量、质量、品种是否满足销售计划及客户特殊要求；②是否在一定期间内进行产品的成本归集与分配	时间偏差、数量偏差、品质偏差、种类偏差、价格偏差
发出产品	价值体现在产品的发出是基于真实交易的，并且在一定时间内发出一定数量、质量、成本控制合理且核算清晰的产成品	①产品的发出时间、数量、质量、品种是否满足实际的销售合同；②物流是否在规定时间内进行流转配送给客户；③发出的产品是否有核定清晰且合理的成本	时间偏差、数量偏差、品质偏差、种类偏差、价格偏差

综上所述，本章选取了十项指标分析各作业的价值达成情况，各指标需要设定一定的达成区间值，对时间、数量、品质、种类、价格这五个维度进行达成情况的偏差核定，在该区间内视为该指标达成要求，否则依据偏差率的大小核定达成情况。通过主成分分析、因子分析等方法对各指标确定权重进而将价值增值分配到生产的各个作业中。因本书不涉及对具体企业或行业的分析，所选指标均为具有普适性的大类指标且未进行数据测算，仅提供一定的理论探讨，故企业在实际应用时需考虑自身行业特点，选取最适合本行业的指标去精确地分配营业利润。

3. 第三层次：将各个作业价值增值分配到内部各个主体

确定了各作业的价值增值后，即明白了各作业共识方共同所作的贡献，可以按照工时耗费和技术含量这两个维度将各作业的价值增值分配到涉及的各个主体中，其中工时耗费属于客观计量，可以从企业内部直接获取，而技术含量偏主观判断，可以依据相关工作的职级、职称、社会平均工资等来确定，本书对此不做具体规定，企业可以按照自身情况进行灵活的调整。

6.1.4 基于共识机制的采购环节价值增值量化方案设计

采购管理下的计划管理、契约管理和特批三项业务分别视为一项作业，识别每项作业关键价值活动，将各项作业产生的价值指标化，设定具体的价值增值分配如下：

1. 第一层次：整体价值增值分配到各个模块

采购模块的职责是支撑生产计划。依据各模块贡献比重分配企业经营利润，作为该模块的价值增值，由此完成第一层次的分配。

2. 第二层次：模块分配到各个共识

模块下包含各类共识，在确定了采购模块的价值增值之后，选取合适的指标确定各共识贡献的权益，基于自身共识的贡献比重分配得到该共识创造的价值增值。采购模块包含计划管理、契约管理和特批三个共识。每个共识的贡献比重主要以采购的整个执行状况与生产需要在原材料提供时间、数量、种类、品质、价格这五个方面的偏差来表征。偏离度越大，对企业价值贡献增长产生的负向影响越大，则对应共识的价值贡献越低，分得的价值增值越少；偏离度越小，对企业价值贡献增长产生的负向影响越小，则对应共识的价值贡献越高，分得的价值增值越多。由此完成第二层次的分配，具体情况如表 6.3 所示。

表6.3 采购环节各共识基于贡献的价值增值量化依据

共识名称	价值贡献	代理指标	对比偏差
计划管理	支撑生产计划的实现，合理确定采购预算	①采购计划中的原材料采购时间、数量、种类、品质、价格是否符合生产计划；②预算上是否确保资金足够支付原材料款项	时间偏差、数量偏差、种类偏差、品质偏差、价格偏差
契约管理	支撑采购计划的实现	采购契约中的原材料采购时间、数量、种类、品质、价格是否符合采购计划	时间偏差、数量偏差、种类偏差、品质偏差、价格偏差
特批（辅助共识）	作为正常业务辅助对超标项目进行审核	与基本共识合并计算相应的价值贡献	——

3. 第三层次：共识分配到各个主体

每个共识下包括各自的共识主体，在确定了采购模块各共识的价值增值之后，以工时耗费和技术含量为分配依据确定各共识主体在共识中贡献的权益，基于主体各自贡献比重进一步分配得到共识过程当中相关共识主体的价值增值，从而最后落实到个人在某一个环节的贡献，由此完成第三层次的分配。

三个层次的价值增值量化关系如图6.1所示。

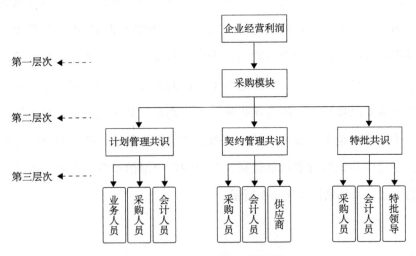

图6.1 基于共识的三级价值增值量化关系

6.1.5　基于共识机制的收支环节价值增值量化方案设计

收支管理下的收款确认和付款两项业务分别视为一项作业，识别每项作业关键价值活动，将各项作业产生的价值指标化，设定具体的价值增值分配如下：

1. 第一层次：整体价值增值分配到各个模块

收支模块的职责是把控收支风险，保证资金安全。本章将其细分为收入模块与支出模块两个模块，收入模块价值贡献就是支撑销售计划，控制收款风险，应收尽收，保证收入可全部及时收回；支出模块价值贡献就是支撑生产计划，控制付款风险，应支尽支，保证企业信用，同时量力而行，保证资金安全。依据各自贡献比重分配企业经营利润，作为该模块的价值增值，由此完成第一层次的分配。

2. 第二层次：模块分配到各个共识

每个模块下都包含各自的共识，在确定了收入模块和支出模块的价值增值之后，选取合适的指标确定各共识贡献的权益，基于自身共识的贡献比重分配得到该共识创造的价值增值。收入模块仅包括一个收款确认共识，因此收款确认共识的贡献比重为1，即分得收入模块的全部价值增值。支出模块仅包括一个付款共识，因此付款共识的贡献比重为1，即分得支出模块的全部价值增值。由此完成第二层次的分配。

3. 第三层次：共识分配到各个主体

每个共识下包括各自的共识主体，在确定了收支模块各共识的价值增值之后，以工时耗费和技术含量为分配依据确定各共识主体在共识中贡献的权益，基于主体各自贡献比重进一步分配得到共识过程当中相关共识主体的价值增值，最后落实到个人在某一环节的贡献。考虑到收支活动的实际开展情况，发起方所做的工作既包括请求的发起，也包括相应的审核，一般情况下发起方的工时耗费和工作技术含量相对较高，审核方相对较低，审核方之间的工作量和难度相对一致，因此发起方的价值贡献大于审核方，可定义其贡献比例为 1.5：1，由此完成第三层次的分配。

三个层次的价值增值量化关系如图 6.2 所示。

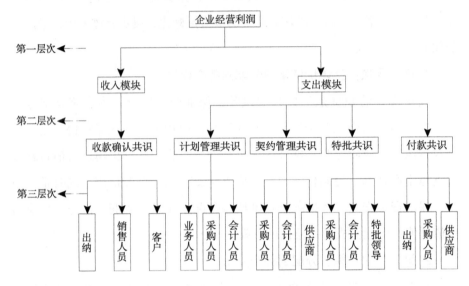

图 6.2   基于共识的三级价值增值量化关系

6.2 基于价值增值量化结果实施通证奖惩

6.1 节分别对销售、生产、采购、收支管理环节产生的价值增值进行了定量化的考评，确定了各模块、共识和主体的价值贡献，得出了共识成果。在此基础上，由于通证代表了为区块链做出贡献的参与方应得的权益，因此本节将按照一定的比例将实际价值增值的量化结果转化为区块链系统上的通证，进而对业务涉及的各方主体进行相应奖惩。（注：本书默认通证随业务的结束而自动发行，且企业可以按照实际情况确定转化比例）

基于上述分析，可以得出具体的实施方案如下：对于价值增值为正的作业，本节将根据共识各方的权限大小和职责分工进行一定数量通证的奖励，这样可以促使企业保持核心竞争力环节的优势，推动业务和财务协同发展；对于价值增值为负的作业，本节将依据各方职责权限进行一定数量通证的惩罚，以此激励各个参与方积极履行职责，共同维护区块链上每笔交易的高效运转。

例如，在销售环节的订立销售合同作业、确认履约进度与收款权利作业中，当上述作业与销售计划存在偏差时，偏差越大，对企业营业利润增长的负向影响就越大，此时应依据上述方案给予一定数量的通证惩罚；同理，若偏差较小，也应给予各方较少数量的通证惩罚；若不存在偏差，对企业营业利润价值贡献的增长为正向影响，应依据上述方案对各方给予通证奖励。此外，由于生产、采购、收支管理环节与之类似，因此不再赘述。

第7章　基于区块链技术的业财融合管理方案实践探索

7.1 Fabric 流程概述

Hyperledger Fabric 是一个许可的区块链构架，是区块链中联盟链的优秀构架。它提供一个模块化的构架，把构架中的节点、智能合约的执行以及可配置的共识和成员服务结合在一起，因此本章以此平台作为方案实现工具，进行共识机制设计。具体业务共识流程如图 7.1 所示。

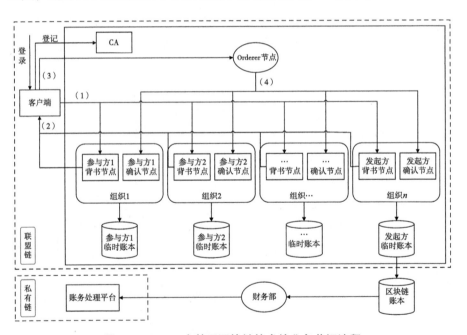

图 7.1 Fabric 中基于区块链技术的业务共识流程

（1）共识的发起组织首先登录应用程序，然后构造通道，并向通道内各组织的背书节点提交交易提案请求。

（2）背书节点接收到交易提案请求后，将提案中的信息与临时账本中的已确认信息进行比对验证，以确定是否接受背书请求，并对结果进行签名，产生一个响应消息返回给应用程序。

（3）应用程序接收到响应后（必须收集到足够多的背书，即通道内所有组织背书节点的背书结果），将响应结果封装成为交易请求，并将交易请求发送给 Orderer 节点。

（4）Orderer 节点根据时间对交易进行排序并创建区块，再通过 Gossip协议广播给同一通道内所有组织的确认节点。

（5）确认节点对接收到的区块进行验证，如交易消息结构是否正确、是否重复、是否有足够的背书等，通过验证后将结果写入本地的分类账本中。

（6）确认节点同步广播给组织内的其他节点（在同一通道内的）。

每个业务环节经过上述步骤达成共识后，紧接着进行下一个业务环节的共识，直至收支管理流程全部结束。在此过程中不断产生的交易数据会计入区块链账本中，由参与区块链账本的共识和维护的各组织共享。财务部门单独拥有一个账务管理私有链平台，其与该联盟链通道内的财务部门组织衔接。相关交易信息计入区块链账本后，由财务人员在企业内部私有链上的账务管理平台进行账务处理，即自动根据此笔业务信息生成相关的账务处理。

7.2 Hyperledger Fabric 环境搭建

要想实现业财融合背景下的企业销售、生产、采购、收支等环节价值链管理优化方案，首先需要对系统进行初始化设置，即利用 Hyperledger Fabric 平台搭建好联盟链网络，并对相应的组织结构和组织网络进行配置。

7.2.1 系统环境配置

依据管理者提供的服务器，对所需要的环境信息进行配置。具体环境配置信息如表 7.1 所示。

表 7.1　环境配置

环境配置	版本信息
操作系统	Ubuntu18.04.1
Hyperledger Fabric	Fabric v1.3.0 版本
语言	Go 语言
容器	Docker 容器

先安装 Git、Curl、Vim、Docker 等工具并启动 Docker 容器，安装 Go 语言。再进行 Hyperledger Fabric Samples 的下载安装，操作步骤为新建 bootstrap.sh 文件，赋予 bootstrap.sh 可执行权限，重启 Docker 服务，执行 bootstrap.sh 文件，使用自动化脚本"byth.sh"建立第一个网络"first-network"，此时 Docker 容器和 Fabric 相关镜像文件以及网络等基本环境搭建完毕。最后，对各个环节价值链研究方案进行具体实现。

7.2.2 组织结构配置

本节超级账本中的组织是通过 crypto-config.yaml 来配置的，crypto 的意思是加密，crypto-config 即加密配置。在 Fabric 中，和加密相关的组件有 TLS、MSP 等。故 crypto-config.yaml 文件主要用于配置 TLS 以及 MSP 等组件。具体为使用 cryptogen 工具生成组织的配置文件，crypto-config.yaml 是 MSP 和 TLS 相关文件的依赖配置文件。它将 Orderer 和 Peer 两种节点的 MSP 都定义到了同一个文件中。crypto-config.yaml 配置文件一般包含两个部分，具体为节点组织（PeerOrgs）与排序组织（OrdererOrgs），均为定义并管理对应节点的组织。

依据第 2 章至第 5 章的设计，企业销售、生产、采购、收支各环节共涉及 18 个组织，为方便程序的编写，本章对各个组织仅设置一个 Order 节点或一个 Peer 节点和一个用户。基于此，对上述各环节组织结构作如下设置，具体设置信息如表 7.2 所示。

表 7.2　组织结构设置信息

组织名称	域名	主机名称
排序组织（Orderer）	example.com	orderer
销售部组织（SDepartment）	sDepartment.example.com	peer0
信用部组织（CDepartment）	cDepartment.example.com	peer0
仓储部组织（WDepartment）	wDepartment.example.com	peer0
生产部组织（PDepartment）	pDepartment.example.com	peer0
财务部组织（FDepartment）	fDepartment.example.com	peer0
客户组织（Client）	client.example.com	peer0
质检部组织（QDepartment）	qDepartment.example.com	peer0
物流部组织（LDepartment）	lDepartment.example.com	peer0
采购部组织（BDepartment）	bDepartment.example.com	peer0
人力部组织（HDepartment）	hDepartment.example.com	peer0
业务人员组织（Business）	business.example.com	peer0
采购人员组织（Buyer）	buyer.example.com	peer0
特批领导组织（Leader）	leader.example.com	peer0
供应商组织（Supplier）	supplier.example.com	peer0
银行组织（Bank）	bank.example.com	peer0
出纳组织（Cashier）	cashier.example.com	peer0
会计人员组织（Accountant）	accountant.example.com	peer0

表 7.2 显示了企业销售、生产、采购、收支这四个环节所需要的各个组织设置的信息，其中：

企业销售环节价值链管理会涉及排序组织、销售部门组织、信用部门组织、仓储部门组织、生产部门组织、财务部门组织以及客户组织七个组织。

企业生产环节价值链管理涉及企业内部的生产部组织、仓储部组织、销售部组织、质检部组织、物流部组织、采购部组织、财务部组织、人力部组织这八个组织以及外部的客户。

企业采购环节价值链管理涉及业务人员组织、采购部组织、会计人员组织、特批领导组织和供应商组织五个组织。

企业收支环节价值链管理涉及业务人员组织、采购人员组织、会计人员组织、特批领导组织、供应商组织、出纳组织、销售部组织和客户组织八个组织。

7.2.3 组织网络配置

组织网络用 configtx.yaml 文件配置，transaction 表示交易。Configtx 表示交易配置。所有和交易相关的配置，如应用通道、锚节点、排序服务等，都是在 configtx.yaml 文件中配置的。configtx.yaml 配置文件包括六个部分，具体配置内容如表 7.3 所示。

表 7.3　组织网络配置

配置文件	定义内容
Orderer	配置内容包括排序服务、通道数目、排序类型、时间、相关限制等内容。并且值得关注的是在超级账本网络启动时，网络系统里最先创建的通道是 Orderer 系统通道，这为后续通道的创立建立基础和范本
Organizations	超级账本中需要设置相应的组织，即指相应作业的参与部门，而 Organizations 则负责配置涉及各种组织的身份，通常来讲包括 Orderer 自身的组织以及相关的业务组织，在 Profile 部分，这些组织的配置将被引用
Channel	每个环节都包含不同的通道，而某个配置交易或创始区块中与通道相关的参数则正是由 Channel 定义的值编码而成的。一般包括功能（Capabilities）与策略（Policy）两方面的内容
Application	具体的通道的相关信息由 Application 来定义
Capabilities	超级账本网络中涉及的功能一般由此定义
Profiles	Profiles 定义了 Orderer 系统通道模板和应用通道模板，Profile 一般自身不额外设置参数，而是以引用以上五部分设置好的参数为主。最后 configtxgen 工具通过调用前述参数，进而实现特定区块文件的生成

此处结合第 2 章至第 5 章的组织结构、数据参数、业务流程以及共识机制的具体设计，为了满足超级账本平台对环境的搭建需求，于是对 Organizations 和 Profiles 两部分进行重点配置；而剩下的 Channel、Capabilities、Application、Orderer 这四部分则不做修改，保持默认值。具体组织网络设置如下。

1.Organizations 配置

Organizations 部分是定义组织结构信息的，其中销售、生产、采购、收支四个环节的组织依照组织结构配置中的 18 个组织所设计（表 7.2）。而 Organizations 配置信息则包括了每一个结构的 MSP 配置名称、ID。具体设计如表 7.4 所示。

表 7.4　Organizations 配置信息

组织名称	MSP 配置名称	ID
排序组织（Orderer）	OrdererOrg	OrdererMSP
销售部组织（SDepartment）	SDepartmentMSP	SDepartmentMSP
信用部组织（CDepartment）	CDepartmentMSP	CDepartmentMSP
仓储部组织（WDepartment）	WDepartmentMSP	WDepartmentMSP
生产部组织（PDepartment）	PDepartmentMSP	PDepartmentMSP
财务部组织（FDepartment）	FDepartmentMSP	FDepartmentMSP
客户组织（Client）	ClientMSP	ClientMSP
质检部组织（QDepartment）	QDepartmentMSP	QDepartmentMSP
物流部组织（LDepartment）	LDepartmentMSP	LDepartmentMSP
采购部组织（BDepartment）	BDepartmentMSP	BDepartmentMSP
人力部组织（HDepartment）	HDepartmentMSP	HDepartmentMSP
业务人员组织（Business）	BusinessMSP	BusinessMSP
采购人员组织（Buyer）	BuyerMSP	BuyerMSP
特批领导组织（Leader）	LeaderMSP	LeaderMSP
供应商组织（Supplier）	SupplierMSP	SupplierMSP
银行组织（Bank）	BankMSP	BankMSP
出纳组织（Cashier）	CashierMSP	CashierMSP
会计人员组织（Accountant）	AccountantMSP	AccountantMSP

2.Profiles 配置

此处重点介绍联盟的配置，即配置第 2 章至第 5 章所设计的每个环节的联盟。其中，销售环节共设计了三个联盟，生产环节共设计四个联盟，采购环节共设计三个联盟，支出环节设计了四个联盟。在每个联盟中都包含了各个组织，这些组织都引用上文提及的 Organizations 配置中的相关组织名称和 MSP。与上面的联盟设置相对应，每个联盟也配置相应的应用通道。四个环节的具体配置信息如表 7.5 所示。

表 7.5　Profiles 配置信息

环节	联盟	通道	组织
销售环节	订立销售合同（ContractConsortium）	订立销售合同通道（ContractOrgsChannel）	销售部、信用部、仓储部、生产部、客户
	供货能力测试（DeliveryConsortium）	供货能力测试通道（DeliveryOrgsChannel）	仓储部、销售部、生产部
	确认履约进度与收款权利（CollectionConsortium）	确认履约进度与收款权利通道（CollectionOrgsChannel）	销售部、财务部、客户
生产环节	计划与安排生产联盟（PlanConsortium）	计划与安排生产通道（PlanChannel）	生产部、仓储部、销售部、采购部、财务部、人力部
	领料联盟（PickConsortium）	领料通道（PickChannel）	生产部、仓储部
	验收入库联盟（WarehouseConsortium）	验收入库通道（WarehouseChannel）	仓储部、生产部、质检部
	发出产品联盟（ShipConsortium）	发出产品通道（ShipChannel）	物流部、销售部、仓储部、客户
采购环节	请购联盟（PurchaseConsortium）	请购联盟通道（PurchaseChannel）	采购部、仓储部、财务部
	入库联盟（WarehouseConsortium）	入库通道（WarehouseChannel）	采购部、仓储部、质检部
	付款联盟（PaymentConsortium）	付款通道（PaymentChannel）	采购部、仓储部、财务部

环节	联盟	通道	组织
收支环节	计划管理联盟 （PlanConsortium）	计划管理通道 （PlanOrgsChannel）	业务人员、采购部、会计人员
	契约管理联盟 （ContractConsortium）	契约管理通道 （ContractOrgsChannel）	采购部、会计人员、供应商
	特批联盟 （SpecialConsortium）	特批通道 （SpecialOrgsChannel）	采购部、会计人员、特批领导
	付款联盟 （PaymentConsortium）	付款通道 （PaymentOrgsChannel）	采购部、供应商、出纳

7.3 临时账本和 Hyperledger Fabric 客户端实现

7.3.1 临时账本

临时账本是超级账本中的一个组成部分，用于各个组织临时存储它们在参与某次共识之前已经确认的相关作业信息，目的是将临时账本中存储的信息与接收到的需要进行背书的信息进行比对验证，进而确认是否对此次背书请求做出肯定响应。相关共识涉及的所有发起组织和参与组织均拥有属于自己的临时账本，以提供给自身的节点去做相应的背书响应。

临时账本一般具有以下功能：第一，权限设置，即对临时账本中提交和查询相关作业信息的对象必须为本组织或本组织授权的组织；第二，接口提供，为本组织提供存储本组织提交的作业信息的接口，以及为本组织背书节点提供查询本组织提交的作业信息的接口；第三，清除机制，相关数据进行过一次背书并计入区块链账本后便可清除。

7.3.2 Hyperledger Fabric 客户端实现

本章通过 fabric-sdk-go 来实现 Hyperledger Fabric 客户端的功能，具体实现步骤为：首先，利用 "go get-u github.com/hyperledger/fabric-sdk-go" 命

令安装 fabric-sdk-go 相关的包；其次，对 fabric-sdk-go 的相关 api 进行封装，以供客户端使用；最后，通过编写 config.yaml 配置文件来初始化 fabric-sdk。

7.4 Chaincode 实现

Chaincode 是指链上代码，简称链码。其中，用户链码（可以使用 Go 和 Java 语言开发）由开发人员进行编写；系统链码（仅支持 Go）包括配置（CSCC）、背书管理（ESCC）、生命周期（LSCC）、验证（VSCC）、查询（QSCC）五种，最为重要的是 ESCC 和 VSCC。链码（Chaincode）被部署在 Fabric 网络中的 Peer 节点上，用来处理网络成员同意的业务逻辑。本节采用 Go 语言实现文章所需要的链码。具体实现步骤如下：

（1）生成网络：使用 configtx.yaml 配置文件，包括生成组织、节点以及网络需要的其他配置内容。本章在进行代码实现时各个编号对应的组织如表 7.6 所示。

表 7.6　编号组织对应关系

代码编号	对应组织
Org1	仓储部
Org2	采购部
Org3	财务部
Org4	生产部
Org5	销售部
Org6	质检部
Org7	客户
Org8	物流部
Org9	供应商
Org10	人力部
Org11	运输方

（2）对应容器配置：使用 docker-compose.yaml 配置文件，具体包括配置 CA 服务、Orderer 节点服务、Peer 节点服务。

（3）创建通道：按照上述 Profiles 配置中所述内容，进行销售、生产、采购、收支环节的通道设计（参照表 7.5）。例如，在收支环节中，需要创立计划管理通道（PlanOrgsChannel）、契约管理通道（ContractOrgs-Channel）、特批通道（SpecialOrgsChannel）、付款通道（PaymentOrgs-Channel）。

（4）组织加入通道：按照上述 Profiles 配置中所述内容，参照表 7.5，把每个通道中所对应的各个组织加入通道。例如，收支环节的计划管理通道（PlanOrgsChannel）中，要加入业务人员、采购部、会计人员三个组织。

（5）链码安装及部署：以计划与安排生产通道的共识为例，此共识的参与组织有：生产部组织、销售部组织、仓储部组织、采购部组织、财务部组织、人力部组织。

（6）数据结构链码实现：数据信息结构包含了第 2 章至第 5 章方案设计中涉及的各项信息。数据信息结构包含了各个项目的实现结构与文件，销售、生产、采购、支出四个环节具体业务流程的数据结构实现如表 7.7 所示。

表 7.7 数据结构实现

	实现项目	实现结构	文件
销售环节	订立销售合同信息结构	Contract	ContractStruct.go
	供货能力测试信息结构	Delivery	DeliveryStruct.go
	确认履约进度与收款权利信息结构	Collection	CollectionStruct.go
生产环节	计划与安排生产信息结构	Plan	PlanStruct.go
	领料信息结构	Pick	PickStruct.go
	验收入库信息结构	Warehouse	WarehouseStruct.go
	发出产品信息结构	Ship	ShipStruct.go
	组织信息结构	Organization	OrganizationStruct.go

	实现项目	实现结构	文件
采购环节	请购信息结构	PurchaseRequisition	PurchaseRequisitionStruct. go
	入库信息结构	Warehouse	WarehouseStruct.go
	付款信息结构	Payment	PaymentStruct.go
收支环节	计划管理信息参数	Plan	PlanStruct.go
	契约管理信息参数	Contract	ContractStruct.go
	特批信息参数	Special	SpecialStruct.go
	付款信息参数	Payment	PaymentStruct.go

参考文献

［1］Hammer M. Reengineering Work：Don't Automate，Obliterate[J].Harvard Business Review,1990（4），104–112.

［2］Morrow M.The Horizontal Organization［J］.McKinsey Quarterly，1994（1）：148–168.

［3］Ballou B，Casey RJ，etc.Exploring the Strategic Integration of Sustainability Initiatives：Opportunities for Accounting Research［J］.Accounting Horizons，2012，26（2）：265–288.

［4］刘雪松.积极推进业财融合，助力公司价值创造［J］.中国总会计师，2014，1（1）：78–81.

［5］中华人民共和国财政部.管理会计基本指引［Z］.2016.

［6］郭永清.中国企业业财融合问题研究［J］.会计之友，2017（15）：47–55.

［7］周洁.基于业财融合的会计信息系统优化探析［J］.财会通讯，2019（4）：116–120.

［8］Valiris G，Glykas M. Critical review of existing BPR methodologies：The need for a holistic approach［J］.Business Process Management Journal，1999，5（1）：65–86.

［9］郭永清.企业管理会计目标研究［J］.中国农业会计，2015（11）：42–50.

［10］段君亮.积极推进业财融合，助力公司转型升级［J］.财经界（学术版），2015（6）：60，122.

［11］王学瑓，于璐.基于财务职能定位的业财融合措施分析［J］.会计之友，2016（22）：34–36.

［12］汤谷良，夏怡斐.企业"业财融合"的理论框架与实操要领［J］.财务研究，2018（2）：3-9.

［13］张庆龙.我们为什么要搞业财融合［J/OL］.http：//www.sohu.com/a/213767894_397808.

［14］姚祎.利用区块链技术对财务共享服务中心的再优化：基于业财融合视角［J］.财会通讯，2020（7）：134–137.

［15］Buterin V. On Public and Private Blockchains［EB/OL］.（2015-08-07）[2022.8.7] https：// blog.ethereum.org/2015/08/07/on–public–and–private–blockchains/.

［16］林小驰，胡叶倩雯.关于区块链技术的研究综述［J］.金融市场研究，2016（2）：

97–109.

[17] 尹冠乔. 区块链技术发展现状及其潜在问题文献综述 [J]. 时代金融，2017（2）：299，301.

[18] 何蒲，于戈，张岩峰，等. 区块链技术与应用前瞻综述 [J]. 计算机科学，2017，44（4）：1–7，15.

[19] Nakamoto S. Bitcoin: A peer–to–peer electronic cash system [EB/OL]. 2008. https: // bitcoin.org/bitcoin.pdf.

[20] Möser M, Böhme R, Breuker D. An inquiry into money laundering tools in the bitcoin ecosystem [C]. eCrime Researchers Summit, 2014.

[21] 张越，汪国华，王旭. 比特世界 [J]. 个人电脑，2013，19（6）：56–70.

[22] Zyskind G, Nathan O Z, Pentland A S, et al. Decentralizing Privacy: Using Blockchain to Protect Personal Data [C].2015 IEEE security and privacy, 2015.

[23] 赵赫，李晓风，占礼葵，等. 基于区块链技术的采样机器人数据保护方法 [J]. 华中科技大学学报（自然科学版），2015，43（S1）：216–219.

[24] 武文斌. 银行交易区块链的原理、模式与建议 [J]. 河北大学学报（哲学社会科学版），2015，40（6）：159–160.

[25] 夏新岳. 基于区块链的股权资产购买和转赠设计与实现 [D]. 呼和浩特：内蒙古大学，2016.

[26] 陈何清. 基于区块链的 IMIX 传输系统的设计与实现 [D]. 南京：南京大学，2016.

[27] Dai J, Vasarhelyi M A . Toward blockchain–based accounting and assurance [J]. Journal of information systems, 2017, 31（3）：5–21.

[28] Yermack D. Corporate governance and blockchains [J]. Review of finance, 2017, 21（1）：7–31.

[29] 郭娟. 区块链技术及其在金融领域的应用前景分析 [J]. 中国商论，2018（11）：68–69.

[30] 张凤元，吴淑琦，叶陈云. 区块链技术下审计的机遇与挑战 [J]. 会计之友，2018（3）：153–155.

[31] 樊斌，李银. 区块链与会计、审计 [J]. 财会月刊，2018（2）：39–43.

[32] 刁雪林. 区块链技术对金融行业的影响探析 [J]. 中国市场，2017（36）：169–170，183.

[33] 曾雪云，马宾，徐经长，等. 区块链技术在财务与会计领域的未来应用：一个分析框架 [J]. 财务研究，2017（6）：46–52.

[34] 冯文芳，申风平. 区块链：对传统金融的颠覆 [J]. 甘肃社会科学，2017（5）：239–244.

[35] 秦荣生. 区块链技术在会计、审计行业中的应用 [J]. 高科技与产业化，2017

（7）：64–67.

［36］陈旭，冀程浩.基于区块链技术的实时审计研究［J］.中国注册会计师，2017
（4）：67–71.

［37］张锐.基于区块链的传统金融变革与创新［J］.国际金融，2016（09）：24–31.

［38］黄忠义.我国区块链行业应用现状、问题及对策研究［J］.科技中国，2020
（1）:17–26.

［39］程平，王爽.基于区块链技术的采购活动大会计研究［J］.会计之友，2020（2）：
153–158.

［40］程平，张洪霜.基于区块链技术的销售活动大会计研究［J］.会计之友，2020
（1）：152–157.

［41］程平，代佳.基于区块链技术的费用报销业务大会计研究［J］.会计之友，2020
（3）：154–160.

［42］陈梦蓉，林英，兰微，等.基于"奖励制度"的DPoS共识机制改进［J］.计算机
科学，2020，47（2）：269–275.

［43］Zyskind G，Nathan O. Decentralizing Privacy：Using Blockchain to Protect Personal
Data［C］//2015 IEEE Security and Privacy Workshops. IEEE，2015：180–184.

［44］Chris D，Alos D. Increasing supply chain assurancevia the blockchain［J］. Carnegie
Mellon Universit，2016.

［45］Chakrabarti A，Chaudhuri A K. Blockchain and its Scope in Retail［J］. International
Research Journal of Engineering and Technology，2017，4（7）：3053–3056.

［46］Radziwil，Nicole，Benton，et al. Quality and Innovation with Blockchain Technology［J］.
Software Quality Professional Magazine，2017，20（1）.

［47］马小峰，杜明晓，等.基于区块链的供应链金融服务平台［J］.大数据，2018，4
（1）：13–21.

［48］李佳.基于区块链的电子支付变革及展望［J］.中国流通经济，2018，32（10）：
16–25.

［49］钟玮，贾英姿.区块链技术在会计中的应用展望［J］.会计之友，2016（17）：
122–125.

［50］许金叶，夏凡.基于区块链的企业财务业务创新［J］.会计之友，2017（15）：
129–132.

［51］Porter M. E. Competitive Strategy［M］. New York：the Free Press，1980：45–48.

［52］Govindarajan V，Shank J. Strategic cost management：the new tools for competitive
advantage［M］. New York：the Free Press，1993：147–169.

［53］Arnoldo C. H，Majluf S. The Strategy Concept and Process：A Pragmatic approach［M］.
New Jersey：Pearson Education，1995：65–120.

［54］张旭波.公司行为与竞争优势：评迈克尔·波特的价值链理论［J］.国际经贸探索，1996（3）：34-37.

［55］于富生，张敏.论价值链会计管理框架［J］.会计研究，2005（11）：45-49，97.

［56］王波，姜峰秀.价值链会计实务研究［J］.会计之友，2008（2）：36-37.

［57］杨学成，陶晓波.从实体价值链、价值矩阵到柔性价值网：以小米公司的社会化价值共创为例［J］.管理评论，2015（7）：232-240.

［58］王璐.基于客户价值的J公司客户细分及对策研究[D].包头：内蒙古科技大学，2010.DOI:10.27724/dcnki.gnmgk.2020.000597.

［59］张记朋.基于价值链管理的企业绩效评价研究［D］.大连：东北财经大学，2006.

［60］孙艳丽.加强和完善企业内部价值链管理［J］.商场现代化，2006（34）：183.

［61］Zhang Q. A New Activity-Based Financial Cost Management Method［J］. Physics Procedia，2012，33.

［62］韩美霞.基于企业内部价值链的成本管理研究［D］.沈阳：沈阳航空航天大学，2016.

［63］Barrett J.Why Major Account Selling Works［J］. Industrial Marketing Management，1986（15）：63-73.

［64］Millman A. F，Wilson K. J. From Key Account Selling to Key Account Management［C］.in Tenth Annual Conference on Industrial Marketing and Purchasing.University of Groningen，Netherlands，1994.

［65］赵顺娣，蔡娴.企业价值链管理中客户价值管理的探讨［J］.商场现代化，2006（18）：77-78.

［66］肖辉.化妆品零售企业的客户价值管理研究［D］.上海：上海交通大学，2008.

［67］卞波及.第三方物流企业CZ公司客户价值管理：基于聚类分析的优化及应用［D］.南京：南京理工大学，2014.

［68］肖永良.客户价值分析及关系维护管理分析［J］.企业导报，2015（13）：33-35.

［69］陈明光.基于价值分析的QDZY公司南亚客户关系管理研究［D］.大连：大连海事大学，2018.

［70］赵娜.客户价值管理：企业营销模式与转变［J］.商场现代化，2019（7）：30-31.

［71］郭琳.基于客户价值分析的银行客户关系管理策略研究［J］.纳税，2019，13（27）：243-245.

［72］李悦.基于在线评论的客户价值分析及管理建议［J］.经济管理文摘，2021（9）：197-198.

［73］Roodhooft F，Konings J. Vendor Selection and Evaluation：an Activity Based Costing Approach［J］.European Journal of Operational Research，1996（96）：97-102.

［74］Grant D. Total ownership cost of battery powered products［J］.Electronics Letters，

1998，34（12）.

［75］李步峰，江勇，白庆华. 作业成本法在评价供应商中的应用研究［J］. 工业工程与管理，2002（1）：49-52.

［76］吴登丰，张庆年. 基于隐性采购成本的多因素供应商选择研究［J］. 武汉理工大学学报（社会科学版），2011，24（2）：227-231.

［77］吴桐. 广义通证经济的内涵、逻辑及框架［J］. 广义虚拟经济研究，2018（4）：5-16.

［78］方军. 区块链超入门［M］. 北京：机械工业出版社，2019：17.

［79］Kagel H J. Token Economies and Experimental Economics［J］. Journal of Political Economy，1972，80（4）.

［80］Savelyev A. Some risks of tokenization and blockchainizaition of private law［J］. Computer Law & Security Review：The International Journal of Technology Law and Practice，2018.

［81］Hine F.J，Scott P. Ardoin，Nathan A. Call. Token Economies：Using Basic Experimental Research to Guide Practical Applications［J］. Journal of Contemporary Psychotherapy，2018，48（3）.

［82］李晶. "区块链 + 通证经济" 的风险管控与对策建议［J］. 电子政务，2019（11）：41-53.

［83］杨东. 共票经济学："票改" 的意义［N］. 金融时报，2018-08-27.

［84］金雪涛，王紫薇. 区块链 + 通证经济：版权运营的新模式［J］. 现代出版，2019（3）：41-44.

［85］Lee J Y. A decentralized token economy：How blockchain and cryptocurrency can revolutionize business［J］. Business Horizons，2019，62（6）.

［86］Xu P. Research on the impact of blockchain-based Token economy on enterprise sharing enab lement［C］. Institute of Management Science and Industrial Engineering. Proceedings of 2019 International Conference on Global Economy and Business Management（GEBM 2019）.Institute of Management Science and Industrial Engineering：计算机科学与电子技术国际学会（Computer Science and Electronic Technology International Society），2019：32-35.

［87］Paul P M. Entrepreneurial Finance and Moral Hazard：Evidence from Token Offerings［J］. Journal of Business Venturing，2020.

［88］Rumy N，Tidström A. Tokenizing coopetition in a blockchain for a transition to circular economy［J］. Journal of Cleaner Production，2020，263.

［89］安祥茜. 基于 RFM 模型的 C2C 环境下顾客价值识别研究 [D]. 成都：西南财经大学，2012.

［90］刘昌用，胡怀亓，胡森森."密码货币、通证与无币区块链"学术研讨会综述［J］. 西部论坛，2019，29（1）：120–124.

［91］曾宪文.基于改进的Hash函数的区块链通证模型研究［D］.南昌：江西理工大学，2019.

［92］Huckle S，Bhattacharya R，White M，et al.Internet of things, blockchain and shared economy applications［J］.Procedia computer science, 2016（98）：461–466.

［93］Lee D，Mo J，Walrand J，et al. A token pricing scheme for internet services［R］. International Conference on Internet Charging and Qos Technologies：Economics of Converged, InternetBased Networks, 2011：26–37.

［94］姚前.共识规则下的货币演化逻辑与法定货币的人工智能发行［J］.金融研究，2018（9）：37–55.

［95］庄雷，赵翼飞.区块链技术的应用模式与发展路径研究［J］.金融与经济，2019（9）：33–38.

［96］Laskowski M，Kim H M，Zargham M，et al. Token economics in real–life：cryptocurrency and incentives design for insolar blockchain network［J］. 2019.

［97］操群，林侃，许骞.基于完整会计期间的数字通证全流程账务处理探析［J］.财务与会计，2019（2）：39–42.

［98］Kotler P, Jain D. Markting moves: a new approach to profits, growth, and renewal. Boston: Harvard Business School Press, 2002.

［99］Hughes, A M. Strategic database marketing［M］.Chicago:Probus Publishing,1994: 136–137.